KB075836

이시우

역사문화 콘텐츠 작가.

대학에서 역사학을 전공했다. 입학하자마자 떠난 답사 때
수백 수천 년 동안 같은 자리를 지키고 있던 유적 사이를
걷는 경험은 지금까지 잊지 못할 기억으로 남아 있다.
역사문화 콘텐츠 중심으로 여행지를 소개하는 작업을
해 오다, 서울 한가운데를 차지하고 있는 다섯 궁궐에
자연스럽게 관심이 옮겨갔다. 본격적으로 궁궐 공부를
시작해 '문화유산교육전문가' 자격도 얻었다. 궁궐의 느린
풍경을 즐기며 함께 걷는 산책 프로그램 '궁궐을 걷는 시간'을
진행하고 있다.

인스타그램 @gungwalk

블로그 https://blog.naver.com/gungwalk

궁궐 걷는 법

궁궐 걷는 법

왕궁을 내 집 뜰처럼 누리게 하는
산책자의 가이드

이시우 지음

일러두기
- QR코드를 인식하면 저자 블로그 채널에서 더 많은
  사진과 자료를 볼 수 있습니다.

궁궐, '다르게 걷기'를 제안합니다

창덕궁에 갔을 때 일입니다. 성정각에 들어갈 때쯤 소나기가 내리기 시작했어요. 날씨 예보를 미처 확인하지 못한 탓에 우산도 없어 참 난감했습니다. 옷이 젖는 걸 무시하고 다니기에는 빗줄기가 제법 굵었거든요. 그때 성정각 처마 밑에 '희우루'라고 쓰인 현판이 보였습니다. 적당히 기울어진 지붕 아래 서면 비를 피하기 딱 좋겠더라고요. 주저할 새도 없이 희우루 현판 밑으로 몸을 숨겼습니다.

이런 상황에서 할 수 있는 일이란 비 오는 풍경을 구경하는 것밖에 없더라고요. 저의 시선은 성정각 동쪽 담장 아래 서 있는 살구나무 주변을 맴돌다 자연스럽게 발밑으로 떨어졌습니다. 그 순간, '아!' 하는 짧은 탄성이 나왔습니다. 성정각 기와지붕을 타고 떨어지던 빗물이 만든 웅덩이들의 행렬이 눈에 들어왔기 때문입니다.

　비가 내린 지 얼마 되지도 않았는데 홈이 꽤 파여 물이 찰랑거리고 있었어요. 빗방울은 연신 똑똑 소리를 내며 땅바닥으로 떨어지는 중이었고요. 동시에 웅덩이 수면에 동그랗고 작은 물결도 생겼죠. 원래는 낙선재까지 돌아볼 계획이었지만, 물방울들의 규칙적인 자유 낙하 운동에 마음을 빼앗겨 그 자리에 서서 한없이 빗물 웅덩이만 보다 집으로 돌아간 기억이 있습니다.

　그날 처음 마음속에서 무언가 꿈틀하는 느낌을 받았어요. 빗물이 떨어지는 웅덩이를 보며, 지금 내 안에서 움직이는 실체가 무얼까 진지하게 들여다봤습니다. 그것은 '궁궐의 진짜 아름다움은 건물에만 있는 게 아니었구나' 하는 깨달음이었어요. 그날의 소나기를 만나기 전까지 저의 시선은 화려한 궁궐 건축에만 꽂혀 있었거든요. 기와지붕을 타고 흐르는 빗물이 만든, 작은 손바닥만 한 웅덩이에도 실은 궁궐의 진짜 미소가 있었던 거죠. 제가 봤던 장면을 다른 이들과 함께 보고 싶다는 생각을 했습니다. 『궁궐 걷는 법』은 그날의 빗방울 덕분에 시작한 책입니다.

　궁궐의 다양한 얼굴을 많은 이들에게 보여 주기 위

해 저는 두 가지 방법을 떠올렸습니다. 첫 번째 방법으로 '궁궐을 걷는 시간'이라는 궁궐 산책 프로그램을 진행했습니다. 저를 포함해 4~5명이 모여 궁궐을 산책하면서 오감五感을 경험하는 내용의 행사였습니다. 기본 콘셉트는 서두르지 않고 천천히 걷는 겁니다. 창덕궁에서 갑자기 비를 만났던 그날의 저처럼, 마음이 이끄는 장소를 발견하면 그곳이 어디든 걸음을 멈추고 풍경을 살펴봤지요.

저는 '궁궐을 걷는 시간'을 진행하면서 대부분의 관람객이 걷는 방향과는 다른 곳으로 향하려 했어요. 궁궐 안으로 성큼 발을 들여놓기보다는, 담장 바깥쪽 길을 함께 걷다 멈춰 궁궐 안을 살피기도 하고, 때로는 과감히 옆길로 새기도 했죠. 한참을 걷다 뒤로 돌아서서 지나온 길을 다시 보기도 하고, 알려지지 않은 코스를 일부러 골라서 가기도 했습니다. 이렇게 걷다 보면 생각지도 못했던 장소 앞에서 환한 표정을 짓는 분들이 있었는데요. 그때마다 제 마음도 밝아졌습니다.

두 번째 방법은 책을 쓰는 것이었습니다. 『궁궐 걷는 법』을 통해 조금 더 많은 이들에게 궁궐 산책의 기쁨을 전하고 싶었습니다. 이 책은 궁궐을 '다르게 걷는 법'에 대해 말하고 있습니다. '궁궐을 걷는 시간'에서 그랬던 것처럼, 되도록 다른 책에서는 다루지 않은 장소나 코스를 소개하려 합니다. 궁궐을 바라보는 시선의 각도가 달라지고 궁궐을 걷는 움직임의 순서가 다양해진다면 이 책을 덮을 즈음 독자 여러분도 자신만의 빗방울과 웅덩이 하나쯤 발견할 수 있을 거라 기대하면서요. 그러기 위해 우선 많이 보려고 하기보다는, 오래 보기를 권합니다. 그 시간은 눈앞의 풍경을 마음에 차곡차곡 쌓는 과정이 될 거예요. 그러다 마음을 빼앗을 장소가 딱 한 곳이라도 생긴다면, 언제든 다시 궁궐을 걸으러 나설 테지요.

궁궐에는 역사의 흔적이 많이 남아 있습니다. '흔적'은 매일 일어나는 사소한 일상의 다른 말일 겁니다. 누구나 알 법한 역사적 사건과 인물이 지나간 자리이기도 하겠고요. 궁궐에는 국왕의 수라상을 준비하던 부엌도 있었고, 세자가 공부하던 학교도 있었습니다. 임금이 국정 스트레스에서 풀려나 휴식을 즐기던 정원과, 왕비가 끔찍하게 죽임을 당했던 침전이 함께 있는 곳 또한 궁궐이죠. 그러고 보면 궁궐은 참 흥미로운 이야기를 품은 장소예요. 실제 역사가 펼쳐진 영화 세트장 같다고 할까요. 조선의 건국과 멸망뿐 아니라, 인생의 기쁨과 슬픔, 충성과 배신이 구석구석에 숨은 그림처럼 남아 있어요.

저는 이 책에서 궁궐에 남은 역사의 자국도 함께 소개하겠습니다. 궁궐을 다르게 걷는 시간이 풍성해질 겁니다.

『궁궐 걷는 법』은 다음과 같이 구성했습니다. I~V부는 서울에 남은 다섯 궁궐에 대한 이야기입니다. 각 궁궐은 다시 세 개의 장으로 나뉩니다. 각 부의 1장은 그 궁궐을 소개하는 글입니다. 제가 느낀 궁궐의 인상과 특징을 담은 '산책의 첫인사'라고 할 수 있겠네요.

「○○궁, 이렇게 걸어보세요」에서는 새로운 산책 코스를 제안합니다. 저는 이 책을 쓰기 위해 각 궁궐을 수없이 답사했습니다. 그때마다 새로운 장소를 발견하고, 이곳들을 어떤 순서로 걸어야 궁궐의 진짜 매력을 느낄 수 있을지 고민했습니다. 같은 장소도 시간과 날씨, 계절을 달리하며 다시 걷기를 반복해 가장 좋은 때를 골랐습니다. 이 산책 코스 중 어디를 가든 결정은 여러분의 몫입니다. 다만 여러분도 마음에 가득 새길 풍경 하나쯤 발견하기를 바랍니다. 그렇다면 저의 마음 또한 무척 좋겠습니다.

「○○궁 역사노트」에서는 방금 산책을 마친 궁궐의 대략적인 역사를 설명합니다. 이 장만 따로 읽어도 조선시대 5대 궁궐의 역사가 한눈에 들어올 겁니다.

그리고 마지막으로, VI부 「궁궐 용어 설명」에서는

궁궐을 이해하고 즐기는 데 도움이 될 만한 기본 단어를 설명해 놓았습니다.

다섯 궁궐은 서울의 가장 중심에 자리합니다. 고층의 빌딩과 수많은 인파, 자동차 등이 궁궐을 감싸고 있지요. 궁궐 정문에 들어서는 순간 조금 전과는 사뭇 다른 풍경이 눈앞에 펼쳐지는데요. 전통 건축이 총집합된 공간, 자연과 건물이 적당히 조화와 긴장을 유지하는 곳, 계절의 변화를 오롯하게 색으로 확인할 수 있는 장소가 바로 궁궐입니다.

같은 여행지도 두 번째, 세 번째 갔을 때 이전과 다른 느낌을 받은 경험이 있을 거예요. 매일 지나는 길이 마음의 상태에 따라 달리 보이기도 하죠. 장소는 움직이지 않고 거기에 있지만, 조건과 상황에 따라 다른 표정으로 우리에게 말을 겁니다. 궁궐도 마찬가지입니다. 갈 때마다 궁궐은 여러분에게 다른 표정과 언어로 다가올 겁니다. 자! 이제 저와 함께 궁궐을 걸어 보실까요.

2021년 가을
이시우 드림

들어가는 말 … 9

I   경복궁, 건국의 무대를 걷는다

1   500년 시간의 문을 연 조선왕조의 첫 집 … 19

2   경복궁, 이렇게 걸어 보세요 … 23

3   경복궁 역사노트 : 조선왕조의 첫 궁궐 … 45

II   창덕궁, 조선 임금이 가장 사랑한 집

1   조선 궁궐의 명품관을 꼽자면 … 53

2   창덕궁, 이렇게 걸어 보세요 … 57

3   창덕궁 후원, 이렇게 걸어 보세요 … 71

4   창덕궁 역사노트 :
     자연 위에 내려앉은 아름다운 집 … 83

III 창경궁, 효심을 담은 궁궐 속으로

1   계절을 가장 빛내 주는 궁궐 … 89

2   창경궁, 이렇게 걸어 보세요 … 93

3   창경궁 역사노트 :
     놀이터로 전락했던 조선의 세 번째 궁궐 … 115

IV   덕수궁, 근대의 역사로 여행하는 산책길

1   전통에서 현대로 건너오는 근대라는 이름의
     징검다리 ··· 123

2   덕수궁, 이렇게 걸어 보세요 ··· 125

3   덕수궁 역사노트 :
     조선의 끝과 대한제국의 시작점 ··· 143

V   경희궁, 궁궐 수난의 역사

1   쓸쓸한 풍경마저 매력으로 느낄 수 있다면 ··· 149

2   경희궁, 이렇게 걸어 보세요 ··· 151

3   경희궁 역사노트 :
     왕의 기운으로 출발한 서궐의 시간 ··· 163

VI   궁궐 용어 설명

     궁궐 / 외전 / 내전 /
     '궁'으로 불리는 여러 집 ··· 169

+   참고문헌 및 웹사이트 ··· 177

I

경복궁, 건국의 무대를 걷는다

1
{ 500년 시간의 문을 연 조선왕조의 첫 집 }

제가 정한 경복궁 산책의 시작점은 광화문 앞이 아닌 세
종대로사거리입니다. 우리나라에서 자동차와 사람 많
기로 첫손가락에 꼽을 만한 거리죠. 이곳에 서면 광화문
을 중심으로 주변 고층 건물들이 한눈에 들어옵니다. 21
세기에서 수백 년을 거슬러 과거의 입구로 들어가기 전
에, 잠시 숨을 고르는 느낌으로 주위를 둘러봅니다.

　과거를 통과해 지금 우리 앞에 와 있는 경복궁과 우
뚝우뚝 솟은 고층 빌딩들이 동시에 보입니다. 문文과 무
武에서 조선의 양대 영웅을 꼽자면 누구나 인정할 세종
대왕과 이순신 장군의 동상을 동시에 볼 수 있는 곳 또
한 이 길 위죠. 왕은 정치와 학문, 실용과학으로 백성의

삶을 돌봤고, 장군은 지략과 무예, 용맹함으로 백성을 위기에서 구했습니다. 두 분 말고 여기 세종대로에 서 있을 인물을 찾기란 쉽지 않을 듯하군요.

광화문광장에서는 이곳이 조선왕조의 중심 거리였음을 알 법한 조형물도 심심찮게 볼 수가 있어요. 광화문에서 시작해 세종대로사거리 방향으로 쭉 뻗어 있었을 육조거리에 대한 설명이며, 세종대왕 동상 근처에 설치한 각종 과학기구를 찬찬히 살피다 보면 광화문 앞에 다다르는 시간이 자꾸만 미뤄지기도 하죠.

어차피 광화문과의 만남에 지각을 했다면, 대한민국역사박물관 8층에 있는 옥상정원에 들렀다 가는 건 어떨까요. 나무를 보기 전에 숲 전체를 조망하듯, 세종대로와 광화문, 청와대까지 한눈에 담으며 경복궁 산책의 동선을 짜 보는 거예요.

이곳에서 바라보면 경복궁의 위치가 정말 절묘하다는 사실도 알게 됩니다. 먼저 경복궁 뒤쪽을 든든하게 지키고 선 북악산이 보이고요. 서쪽으로는 인왕산과 동쪽으로는 낙산이 단단하게 마주 보고 있어요. 옥상정원에서는 보이지 않지만, 남쪽에는 남산이 방패처럼 받치고 있으리라는 사실도 짐작할 수 있습니다. 효율적인 수비와 공격을 위해 경복궁과 한양을 네 개의 산이 품은 자리에 두었지만, 안타깝게도 실제 역사에서는 늘 적의 핵심 표적이 되었습니다. 그때마다 경복궁은 맨 처음 수난을 당했고, 항상 마지막에 복구되는 운명이었습니다.

경복궁의 첫 시련은 임진왜란이었는데요. 전쟁이 끝나고도 임금이 다시 들어가기 어려울 만큼 경복궁은 심하게 훼손되었죠. 임진왜란 이후 조선의 얼굴을 보고 싶다면 경복궁이 아닌 다른 궁궐을 찾아야 합니다. 각 궁궐의 역사를 따로 떨어뜨려 놓고 보면 독립된 조각에 불과하지만, 다섯 궁궐이 간직한 이야기를 그러모을 때 비로소 장대한 조선사 한 편이 완성되죠.

조선의 출발점이 경복궁에 찍혀 있다면, 조선의 끝을 알리는 예고편 또한 경복궁에서 시작했다고 해도 되겠습니다. 이웃나라 낭인들이 경복궁을 무단 침입해 왕비를 잔혹하게 살해하더니(을미사변), 왕은 이들이 두려워 궁궐을 몰래 빠져나갔습니다(아관파천). 1895년과 1896년에 일어난 이 기가 막힌 두 사건을 앞뒤로 조선의 호흡은 가늘어졌습니다. 이어 식민 지배와 전쟁을 겪으며 경복궁은 수난과 파괴의 현장으로 전락하고 맙니다.

나라를 되찾고 전후 복구 사업을 한창 벌이면서도 우리는 오랫동안 궁궐에 존경의 시선을 보내는 데 인색

했습니다. 1990년대에 들어서서야 본격적으로 경복궁의 제 얼굴을 찾아 주고 잘린 몸뚱이를 이어 주려는 노력을 시작했으니 말이죠. 지금까지 30여 년간 지속된 경복궁 복원 정비 사업은 앞으로도 2045년까지 이어진다고 합니다. 어찌 보면 답답해 보일 수도 있는 속도죠.

하지만 복구가 마무리되기 전이기 때문에 오히려 경복궁 산책은 더욱 의미 있다고 생각합니다. 어제와 다른 얼굴로 우리를 맞이하기에 오늘 새로운 기대를 품고 경복궁을 만나러 갑니다. 내일은 경복궁의 또 다른 얼굴을 보기 위해 다시 그곳에 가고 싶어질 테고요. 매일 일어날 그 사소한 변화가 쌓여 결국엔 역사가 되겠지요.

그렇다면 우리는 오늘의 경복궁을 만나러 가겠습니다.

2
{ 경복궁, 이렇게 걸어 보세요 }

◎　광화문 앞 해태 → 신무문 → 집옥재 → 건청궁 → 향원정 → 소주방 →

　　교태전 아미산 → 근정전 동물가족 석상 → 경회루 → 영추문

광화문 앞 해태

해태는 경복궁 하면 떠오르는 몇 가지 상
징물 가운데 하나입니다. 광화문光化門 앞
에 있어 오가는 이들에게 특히 친숙하죠.
경복궁에는 해태를 비롯해 다양한 돌 조각이 있는데요.
장정 몇 명이 달려들어도 꿈쩍하지 않을 묵직하고 단단
한 돌을 깎고 다듬은 작품들이 경복궁 곳곳에 설치되어
있어요. '돌조각 예술품 종합전시장'이라고 해도 될 만
큼 말이죠.

　해태는 경복궁의 수많은 돌조각 중에서도 대표라

하겠습니다. 크기나 정교함으로 봐도 그렇고, 우리에게 가장 친숙한 조각이기도 하죠. 물론 영제교 아래 금천 축대에서 혀를 날름 내민 채 천연덕스레 웅크린 천록이라든가, 난간을 하나씩 차지한 채 근정전을 호위하듯 앉은 십이지신상과 사방신을 꼽을 분도 있겠지만요.

해태가 재앙과 화재를 물리치는 동물이기 때문에 광화문 앞에 세웠다는 설이 널리 퍼져 있지만, 더 정확한 이유는 따로 있습니다. 원래 해태가 있던 자리는 광화문에서 조금 떨어진 광화문광장쯤이었습니다. 해태는 거짓을 말하거나 죄를 지은 사람을 보면 이마에 난 뿔로 받아 버린다는 동물입니다. 궁궐에 출입하는 신하들에게 '청렴하게 일하라'는 메시지를 전하는 임무를 맡았던 거지요.

이런 중요한 일을 맡았지만, 생김새만으로 치자면 해태는 직무유기감입니다. 엄격하기보다는 귀엽게만 보여서 말이죠. 죄지은 자를 보아도 뿔을 곧추세워 받아 버리기는커녕 털이 북슬북슬한 꼬리를 흔들 것만 같거든요. 푸근히 웃는 듯한 얼굴을 보면 '이래서 궁궐 정문을 지키겠어?' 하는 의구심을 떨칠 수가 없어요. 덕분에 해태는 경복궁의 첫 번째 포토존이 되었습니다. 둥실한 해태의 엉덩이와 매끈하게 뻗은 광화문 처마 선 어디쯤을 배경으로 사진 찍기에 여념이 없는 이들이 낮이고 밤이고 북적입니다.

해태를 보고 다음 코스로 바로 광화문으로 들어가지 않고, 경복궁 담장 길을 좀 걷겠습니다. 경복궁을 보러 오는 분들은 대개 광화문으로 들어가 근정전과 사정전, 교태전, 경회루 주변까지 보고는 다시 돌아 나오는데요. 오늘 우리는 경복궁을 좀 다르게 보려고 합니다. 해태와 반가운 첫인사를 나눈 후 담장을 따라 걸어 신무문으로 가겠습니다. 미술관과 카페, 공방 등이 쭉 이어진 운치 있는 길을 걷는 기분도 누려 보고요.

신무문

신무문神武門에 도착했습니다. 찻길 하나를 사이에 두고 청와대가 보이네요. 조선의 최고 권력자가 살았던 궁궐과 현대 민주국가의 지도자가 일하는 장소가 이처럼 마주 보고 있다는 사실이 이색적입니다. 청와대를 지키는 경호 인력마저 신기한 구경거리인지, 광화문이 아니라 굳이 이곳까지 오는 관광객도 꽤 많아요. 권력자가 사는 곳은 언제나 호기심을 불러일으키나 봅니다.

사실 경복궁을 처음 지었을 때만 해도 북문인 신무

문은 없었습니다. 대신 나무 울타리를 세워 궁궐과 후원의 경계를 구분했죠. 지금의 청와대 자리가 경복궁 후원이었어요. 신무문은 세종 때 세운 문인데 임진왜란 때 거의 허물어졌습니다. 지금 우리가 보는 문은 고종 때 경복궁을 재건하면서 다시 세운 거죠. 신무문의 천장에는 사신四神 가운데 북쪽을 상징하는 현무玄武가 그려져 있습니다. 거북과 뱀이 합쳐진 전설 속 동물이에요.

지금은 청와대 경호원들과 스스럼없이 대화도 하고 사진도 찍어 달라고 부탁할 만큼 자유로운 분위기지만 한때 신무문 주변은 시민들의 통행이 금지되어 있었습니다. 한국전쟁이 끝나고 1954년 경복궁을 개방하면서 이 문도 함께 열었는데, 1961년 5·16 군사쿠데타 직후 이곳에 군부대가 주둔하면서 폐쇄했거든요. 1979년에는 신군부세력이 신무문 안쪽에 있던 30경비여단에 모여 12·12군사반란을 모의하기도 했고요. 오랜 세월 닫혀 있던 신무문을 다시 활짝 연 것은 2006년에 와서입니다.

신무문을 통과하자마자 몸을 돌려 북쪽을 바라보면 대단히 멋진 풍경이 펼쳐진답니다. 신무문과 천장에 그려진 현무, 길 건너 청와대와 그 뒤로 물러앉은 북악산까지 한눈에 담을 수 있어요.

집옥재

신무문으로 들어와서 처음 보이는 건물이 집옥재입니다. 고종은 아버지 흥선대원군이 자신을 위해 다시 세운 드넓은 경복궁이 오히려 부담스러웠던 걸까요. 경복궁의 멀쩡한 핵심 공간을 놔두고 뒤로 한참 물러난 자리에 건청궁을 지었습니다. 그리고 건청궁 왼쪽에 이렇게 집옥재集玉齋를 두었어요. '옥처럼 귀한 보물을 모아놓았다'는 뜻을 담은 이곳에 모아 둔 보물이란 바로 책입니다. 고종은 집옥재를 자신의 서재로 썼는데요. 원래는 창덕궁 함녕전 별당으로 쓰던 건물을 고종이 경복궁으로 거처를 옮기면서 지금의 자리로 갖고 와 다시 지은 겁니다. 집옥재 양옆에 있는 팔우정八隅亭과 협길당協吉堂도 이때 함께 옮겨 왔고요.

팔각형 지붕을 머리에 얹은 팔우정과 중국풍으로 지은 집옥재, 전통 한옥 건물인 협길당이 나란히 선 모습에서 동아시아 최신 건축 트렌드가 느껴집니다. 세 집을 잇는 복도는 옆 사람과 다정히 손을 잡은 모습 같고요.

디테일에 무척 신경 쓴 흔적이 곳곳에 보이는데요. 정교한 창호라든지 팔우정 쪽 벽면에 그려 넣은 학 문양을 보면 집옥재를 짓기 위해 매우 숙련된 장인을 동원했을 거라 짐작할 수가 있어요. 집옥재 천장에 설치한 용 두 마리와 봉황의 화려한 모습을 봐도 그렇고요. 세로로 쓰인 집옥재 편액도 궁궐에서 흔히 볼 수 있는 모습은 아닙니다.

건청궁

이제 집옥재를 지나쳐 서쪽으로 조금 이동하겠습니다. 건청궁乾淸宮이 나오네요. 궁궐 안에 또 궁이라니, 조금 의아합니다. 건청궁은 고종이 아버지 흥선대원군에게서 정치적으로 독립하기 위해 지은 공간입니다. 고종은 내탕금內帑金을 가져다가 건청궁을 지었는데요, 내탕금이란 임금이 개인적으로 쓰는 업무추진비라고 할 수 있습니다. 아버지 그늘에서 벗어나고 싶은 마음까지는 그렇다 치더라도, 경복궁에 엄연히 있는 임금의 공간을 놔두고 한참 떨어진 자리에 이런 집을 또 짓고는 이름에 '궁'이라고까지 붙여 놓은 사실은 좀 이해하기 어렵습니다.

건청궁에 있는 건물들은 색을 입히지 않고 건축 주재료인 나무 색깔을 그대로 드러내고 있습니다. 앞으로 산책할 궁궐에서도 건청궁과 비슷하게 나무 빛깔로만 멋을 부린 건물들을 볼 텐데요. 그 건물들을 보면 뛰어난 디자인이란 색을 더하는 게 아니라 자연 그대로인 채 두거나 오히려 빼는 것임을 알게 되죠.

건청궁의 구조는 민간 사대부 저택과 같습니다. 사랑채 격인 고종의 처소 장안당長安堂과 안채 격인 명성황후의 처소 곤녕합坤寧閤으로 나뉘지요. 장안당과 곤녕합은 아늑한 복도각으로 연결되는데요, 왕과 왕비는 이 길을 따라 서로의 방을 오갔을 겁니다.

장안당에는 추수부용루秋水芙蓉樓라는 높다란 누마루(다락처럼 높게 만든 마루)가 연결되어 있습니다. 그 안에 들어가 앉으면 담장 너머 향원지까지 보일 높이입니다. 추수부용루 앞에 설 때마다 저 위에서 보는 풍경이 무척 궁금해집니다. 고종을 두고 '우리나라 최초의 얼리어답터'라고 일컫기도 하는데요. 미국에 파견 갔다 돌아온 사절단 보빙사의 건의를 받아들여 경복궁에 국내 최초의 전기 발전소인 전기등소電氣燈所를 설치했고, 여기서 생산한 전력으로 1887년 전등에 불을 밝혔거든요. 건청궁이 1873년에 세워졌으니 고종은 틀림없이 추수부용루에 올라 불을 밝힌 전등을 보았을 겁니다. 최초의 전등 자리는 처음엔 향원정 북쪽과 건청궁 남쪽 벽 사이에 있었다고 알려졌지만, 발굴조사 과정에서 향원정 남쪽이었다는 사실을 확인했습니다. 그렇다면 추수부용루는 전등 불빛에 비친 향원정을 볼 수 있는 당시 조선 최고의 야경 명소였겠죠.

지금의 건청궁은 2007년에 복원했기 때문에 오래된 건물에서 느껴지는 예스러운 분위기는 덜하지만, 광화문에서 멀찍이 떨어져 있어서 그런지 평일, 주말 가릴 것 없이 한적할 때가 많아요. 곤녕합 뒤로 돌면 부속 건물로 쓰던 복수당福綏堂이 나오는데요, 복수당 앞 행각도 혼자 앉아 조용히 시간을 보내기 좋은 장소입니다. 복수당 주변에는 근사한 풍경을 대신하고도 남을 고요한 시간이 흐른답니다.

향원정

서울뿐 아니라 다른 지역을 여행하다 보면 전통 한옥을 자주 볼 수 있습니다. 그곳에도 집주인이 정성스레 가꾼 연못과 정자가 있습니다만, 그래도 궁궐의 연못에 비할까 싶어요. 궁궐과 양갓집은 확실히 스케일이 다를 테니까요. 건청궁 앞 향원지香遠池가 바로 그런 곳입니다.

물결 일렁이고 나뭇가지 춤추는 풍경을 사랑하는 마음은 예나 지금이나 마찬가지 같습니다. 화려한 건물을 볼 때의 감흥과는 또 다르지요. 그래서인지 옛사람들은 굳이 땅을 파고, 주변이 잘 보이는 위치를 고르고 골라 정자를 세우는 수고를 마다하지 않았죠. 건물과 건물을 휘돌아 경치가 훤히 드러나는 장소가 나타나면, 그곳에는 어김없이 물이 있고 정자가 서 있습니다.

조선인은 다들 작명의 달인이었던 걸까요. 그렇게 만든 장소에 딱 맞는 이름을 잘도 붙여 놓았다는 생각이 들어요. 건청궁 앞 연못 위에 뜬 정자의 이름은 향원정香遠亭입니다. '향기는 멀수록 더욱 맑다'香遠益淸라는 뜻을 담았네요. 궁궐 건물의 이름에 담긴 의미를 뜯어보면 대개 낭만적이거나 교훈적이면서 장소의 목적을 담고 있습니다. 향원정에는 어떤 분위기가 깃들어 있을까요. 향기와 맑음이 이름의 키워드라면 낭만에 가깝겠어요. 이름의 낭만성은 다리 이름에 가서는 더욱 짙어집니다. '향기에 취한다'는 마음을 담아 취향교醉香橋라 지었으니 말이죠. 아마 왕과 왕비는 건청궁에서 나와 연못 한가운데로 가려고 다리를 건너다 향원정에서 퍼져 나오는 향기에 취하고 말았을 겁니다.

향원정은 고종과 명성황후가 주변 경치를 즐기러 올랐던 정자입니다. 1층 바닥 가장자리에는 온돌이 설치되어 있었는데요, 추운 계절 마다하지 않고 와서는 추운 세상을 보는 데 불편함이 없도록 하기 위한 장치였겠죠. 2층 바닥은 마루로 만들고 사방에 분합문을 달아 두었어요. 더운 계절에 한옥을 구경하다 보면 접어서 천장 쪽에 걸어 놓은 문을 본 적 있죠? 그게 바로 분합문입니다. 여름에 동서남북 사방의 분합문을 활짝 열어 놓으면 향원정 주변의 경치가 360도 파노라마처럼 펼쳐졌을 겁니다. 시선은 어렵지 않게 궁궐 담장을 넘어 멀리 인왕산과 북악산까지 닿았을 테고요. 문을 여닫는 행위만으로 자연을 성큼 안으로 들여 무릎 앞에 놓기도 하고, 바깥의 물과 산을 한 폭 산수화로 만들어 창에 걸기도 했겠죠.

소주방

'이게 다 먹고살겠다고 하는 거지······.'

우리는 대가를 받으며 하는 거의 모든 노동을 두고 이렇게 말하곤 합니다. 살짝은 속된 표현이지만, 사실 이만큼 우리 인생을 압축적으로 나타내는 말도 없습니다. '먹는'과 '사는'이라는 말은 사실 등호로 연결해도 될 만큼 둘 다 중요하니까요.

궁궐 사람들에게도 '먹는' 문제는 요긴한 일이었는

지 음식을 준비하는 부서를 따로 운영했습니다. 궁궐 안에 군사·의료·출판·도서관·교육 등을 관장하는 시설을 각각 설치한 것처럼요. 왕실 가족이 먹을 음식을 도맡아 마련하는 곳을 소주방燒廚房이라고 했습니다. 경복궁 소주방 위치는 자경전慈慶殿과 자선당資善堂 사이입니다. 소주방이 있었다는 사실에 착안해 현재는 궁중약차와 궁중병과 등을 맛볼 수 있는 카페로 운영 중이죠.

소주방은 다시 내소주방과 외소주방, 생과방生果房 등으로 나뉘는데요, 모두 음식을 준비하는 곳이지만 세부 기능은 조금씩 다릅니다. 왕과 왕비의 식사를 '수라'라고 하는데, 이 수라는 내소주방에서 준비합니다. 외소주방은 난지당蘭芝堂이라고도 불리는데요. 설날과 추석 같은 명절, 또는 왕실 가족의 생일과 혼례 등 궁중에서 열리던 잔치 음식을 장만했습니다. 오늘날의 케이터링 서비스의 원조라고 하면 될까요. 생과방은 생물방生物房 또는 복회당福會堂이라고도 불렀는데, 이곳에서는 차와 음료, 과자와 떡 등 디저트를 만들었습니다.

소주방 이야기를 하다 보니, 왕들은 하루에 몇 끼를 들었을지 궁금해집니다. 한번 알아볼까요. 왕은 보통 하루에 다섯 끼쯤 먹었습니다. 일단 이른 새벽에 일어나자마자 '자릿조반'이라는 미음이나 죽을 먹었고요. 아침저

녁으로 정식 상차림인 조반과 석반을 받았습니다. 대개 12첩으로 차려진 식사를 하지만 나라에 홍수, 가뭄, 흉년 등 재난이 있을 때는 사정이 어려운 백성들과 함께한다는 의미로 음식 가짓수를 줄이기도 했습니다. 여기에 더해 낮에는 국수를 먹고(낮것상), 밤에 간식도 먹었죠(야참).

궁궐에서 잔치를 크게 열 때는 궁 밖에서 대령숙수待令熟手라는 남자 전문 요리사가 들어오기도 합니다. 출장 요리사라고 보면 되겠어요. 소주방 공간이 좁기 때문에 대령숙수가 궁궐에 뜨면 근처에 숙설소熟設所라는 임시 주방 가건물을 세우기도 했습니다.

왕과 왕비의 침전 영역에는 퇴선간退膳間이란 곳도 있었는데요. 소주방에서 갖고 온 음식이 식으면 데우던 공간입니다.

교태전 아미산

왕비의 방은 궁궐의 한가운데, 달리 말하면 가장 깊숙한 곳에 둡니다. 그리고 왕비의 침전 뒤에는 왕비만을 위한 정원이 있습니다. 어린 나이에 왕과 혼례를 올리고 평생 궁 바깥출입이 자유롭지 못한 채로 사는 왕비를 위해 꾸민 아름다운 뜰이죠. 충충이 쌓은 계단 모양으로 만드는데 이를 화계花階라고 합니다.

왕비의 정원 가운데 으뜸은 역시 경복궁의 아미산峨嵋山 화계입니다. 아미산은 교태전交泰殿 뒤에 있는 동산 이름입니다. 크기로만 보면 산山이라 부르기에는 작은 언덕에 불과하지만, 자연에서 볼 수 있는 여러 요소가 잘 갖춰져 있어요. 우선은 무성한 나무와 꽃으로 작은 숲을 조성해 놓았고요. 돌을 조각해 연못도 만들었습니다. 육각형 굴뚝에는 동물까지 새겼으니 비록 언덕에 불과할지 몰라도 아미산은 꽤 그럴듯한 미니어처 산이라고 해도 되겠어요.

아미산을 만든 배경을 설명하려면 경회루 얘기부터 해야 하는데요. 경회루를 지은 왕이 태종입니다. 태종은 경회루 연못을 만들면서 파낸 흙을 내다 버리지 말고 아미산을 쌓으라고 지시했어요. 산이라면 꽃과 나무가 있어야지요. 당연히 다음 순서로 아미산에 꽃과 나무를 심었습니다. 아미산에는 돌을 깎아 만든 커다란 그릇 두 개도 두었는데요. 각각 낙하담落霞潭과 함월지涵月池라는 이름입니다. 비가 내리면 자연스럽게 물이 고이고 왕비는 그 안에 비치는 노을과 달빛을 마음껏 감상했을 거예요. 붉은색 벽돌을 쌓아 굴뚝도 세웠습니다. 봉황과

십장생, 당초문과 사군자 등 당시 가장 트렌디한 문양을 면면에 새겨 넣었죠. 이 문양들을 하나하나 보고 있으면, 굴뚝 벽면이 마치 갤러리 같다는 느낌이 들어요.

아미산에 올 때면 늘 상상합니다. 함박눈 내리던 한겨울 밤이 지나고, 이른 아침 방문을 열고 왕비가 봤을 아미산의 눈 쌓인 풍경을 말이죠. 꽃으로 뒤덮였을 봄과 초록 빛깔 수북했을 여름, 단풍이 바람에 날렸을 가을의 아미산과 추운 계절이 내려앉으면 연기 내뿜었을 저 굴뚝의 모습도요.

근정전 동물가족 석상

햇빛이 쨍하던 한여름 오후였습니다. 그 무더운 시간에 근정전 주변을 왜 서성거리고 있었는지 모르겠어요. 주위를 살펴봐도 그늘은 왜 그리 하나같이 짧고, 작기만 한지. 더위에 지쳐 서둘러 돌아가려던 순간! 조정 마당에 가득한 열기를 한순간 날리고도 남을 시원한 장면을 만나고 말았습니다. 근정전 월대 귀퉁이에 자리한 동물가족을 본 겁니다.

광화문 해태가 경복궁 돌조각의 대표 선수 격이라

면, 이 동물가족 석상은 경복궁의 마스코트로 삼으면 딱이겠어요. 그중에서도 어미 옆구리에 착 달라붙은 새끼가 대표 마스코트가 되겠습니다. 무심하게 걸음을 옮기려는 찰나, 햇빛을 받아 반짝 빛나던 새끼 석상의 등을 보자 그 귀여움에 더위 따위는 잠시 잊을 수 있었어요. 배시시 웃음이 나는가 싶더니, 어딘가가 자꾸만 간질간질해지는 느낌이었고요. 그러고는 나도 모르게 그만 그작은 등을 살며시 쓰다듬고 말았죠. 오후 내내 햇볕을 쬔 덕분인지 녀석의 등은 적당히 따뜻했어요.

동물가족 석상은 근정전 월대 가장 아래 동쪽과 서쪽 모서리에 있습니다. 서로 이웃하고 있으니, 이 두 동물 팀은 외롭지 않을 거예요. 엄마, 아빠로 보이는 두 녀석의 시선은 제각각 근정전과 마당 쪽으로 엇갈려 있는데요. 부부싸움이라도 하고 서로 토라진 걸까요, 아니면 궁궐 이곳저곳을 구경하는 재미에 빠진 걸까요. 그 와중에 새끼는 어미의 가슴팍을 타고 올라 제 두 발로 꼭 부여잡고 있습니다. 근정전 주변에 모인 인파 사이에서 엄마를 놓칠까 싶어 걱정스럽다는 듯 말이죠.

녀석들의 스타성을 발견한 이는 제가 처음이 아닙니다. 일찍이 조선 후기의 실학자 유득공이 경복궁이 궁금한 마음에 근정전 근처까지 와서 보고는 다음과 같은 기록을 남겼습니다.

> (근정전) 기단의 동쪽과 서쪽 모서리에는 돌로 된 개 암
> 수가 있는데, 암컷은 새끼를 한 마리 안고 있다.
> —『냉재집』冷齋集

조선시대 선비는 녀석들을 강아지로 봤군요. 하지만 지금 우리가 보는 녀석들이 유득공이 봤던 '돌로 된 개 암수'와 암컷이 안고 있었다던 '새끼'라고 단정할 수는 없습니다. 경복궁은 고종 때 흥선대원군이 다시 건축했기 때문이죠.

동물가족 석상 외에도 근정전을 두른 돌난간에는 십이지신상과 사신상이 빼곡히 올라가 있습니다. 돌난간만으로 그치기에는 뭔가 아쉬워 조각상을 올린 건지, 조각상을 올리기 위해 돌난간을 세웠는지 헷갈릴 정도로 말이죠. 경복궁에서 가장 중요한 건물인 근정전을 지킬 근위대로 십이지신과 사신, 동물가족으로 라인업을 짠 셈입니다. 지인들과 함께 경복궁 산책을 할 때면, 근정전에 와서 자신의 띠와 맞는 동물 조각상 찾기 놀이를 했는데요. 금방 찾을 것 같지만 의외로 쉽지가 않아요. 그래서인지 근정전을 몇 바퀴 돌다 겨우 자신의 띠와 맞

는 동물을 발견하면 다들 무척 기뻐하더라고요.

경복궁 관람은 대개 광화문에서 출발해 앞만 보고 걷다가 교태전이나 경회루쯤에서 돌아 나오는 식으로 끝나는데요, 근정전 월대에도 꼭 올라가 보셨으면 해요. 그리고 근정전을 등진 채 광화문 방향으로 돌아서면, 조선시대 임금들이 봤을 풍경이 눈앞으로 미끄러지듯 펼쳐질 겁니다. 월대 위에서 이 근사한 동물들을 호위병 삼아 주위를 둘러보는 기분이 최고랍니다.

경회루

 교태전과 근정전을 지나 경회루에 도착했네요. 경복궁의 핵심 영역을 감상한 느낌이 어떤가요. 집옥재와 건청궁, 향원정 근처는 건물과 건물 사이 간격이 듬성듬성해 보였을 겁니다. 교태전과 근정전, 경회루를 지나오면서 건물의 밀도는 한층 빽빽해지고요. 당장에라도 맞닿을 듯한 지붕과 지붕이 넘실대는 파도처럼 보이기도 하네요. 경복궁의 외전과 내전이 촘촘하게 모인 이곳은 마치 건물의 바다처럼 느껴집니다.

향원정이 왕과 왕비의 '사적'인 정자였다면, 지금

보는 경회루는 조선의 '공적'인 파티장이었습니다. 국가 공식 연회장답게 경회루는 일단 위치와 모양으로 다른 건물을 압도합니다. 우선은 경복궁 전체의 건물 배치를 통해 경회루 자리를 살펴보겠습니다.

광화문에서 출발한 중심축이 북쪽을 향해 직선으로 내달리고 그 위에 근정전, 사정전, 강녕전康寧殿, 교태전을 차례로 두었습니다. 새로 들어선 왕조의 위엄을 과시하면서도 임금이 국정 운영에 집중할 수 있도록, 위치는 물론 건물 사이의 거리까지 치밀하게 계산한 결과죠.

중심축에 둔 근정전勤政殿과 사정전思政殿에 정무政務의 개념을 심었다면, 서쪽으로 약간 비켜선 자리에 앉힌 경회루慶會樓에는 연회宴會의 임무를 맡겼습니다. 국가의 공식 연회를 개최하는 장소를 국정 업무를 보는 공간에서 멀지 않은 곳에 두는 효율적인 배치입니다.

경회루에는 연회의 흥을 돋우기 위해 세심하게 멋을 부린 흔적이 많아요. 저는 특히 2층 난간 기둥에 설치한 낙양각落陽刻이라는 장식이 눈에 들어왔습니다. 주변 풍경을 세련된 산수화로 금세 바꿀 훌륭한 장치입니다. 낙양각 없이 사각으로만 짜인 기둥 너머로 바깥을 봤다면 조금 단조롭지 않았을까 싶어요.

어느 가을날 해 질 무렵, 연회를 즐기러 모인 이들

이 경회루 2층에서 보았을 붉게 물든 서쪽 하늘을 상상해 봤습니다. 함께 마신 술에 취하고, 저 너머 향원정에서 건너온 향기에 취하고, 그러다 결국엔 낙양각이 끌어온 노을 풍경에 마음을 빼앗기지 않았을까요.

영추문

경복궁 담장 사방에는 커다란 문이 나 있고, 저마다 어울리는 이름이 붙어 있습니다. 서쪽 문은 가을 추秋 자를 넣어 영추문迎秋門이라고 지었네요. 봄 춘春 자를 쓴 동쪽 문 건춘문建春門과 제대로 어울립니다. 실제 영추문과 건춘문은 쌍둥이처럼 모양도 크기도 비슷합니다. '동쪽 문으로 봄을 맞이하는가 싶더니, 서쪽 문으로는 가을을 내보낸다'라고 해석할 수 있는 이름이지요.

경회루에서 영추문에 이르는 길은 잔디밭과 나무, 벤치로 꾸며져 잘 가꿔 놓은 공원 같습니다. 원래 이곳에는 경복궁의 궐내각사 건물이 빼곡했습니다. 빈청, 승정원, 홍문관, 내의원, 규장각, 검서청 등 궁궐 안에 둔 정부종합청사 같은 공간이었어요. 그러다 보니 영추문은 자연스레 조선의 공무원들이 출퇴근할 때 드나드는 문이 되었겠죠.

영추문이 중요 사건의 배경으로 등장한 적이 있습니다. 조선이 들어선 직후인 1398년, 이방원이 제1차 왕자의 난을 일으킵니다. 이때 이방원이 궁궐에 들어올 때 통과한 문이 바로 영추문입니다. 이복동생을 제거하고 권력을 접수하기 위해 칼을 차고 경복궁에 들어왔을 이방원과 그의 일행들을 생각하면 그날 영추문 주변의 살벌한 장면이 그려집니다. 원래 왕족과 왕실 친척은 주로 궁궐의 동문으로 출입하지만, 이방원의 사저는 반대편인 종로구 통인동 쪽에 있었기 때문에 영추문을 이용했던 것으로 추정합니다.

영추문은 조선 말기에 다시 등장하는데요. 1895년 명성황후가 경복궁 곤녕합에서 시해되자 고종은 자신도 암살당할까 두려워 일본의 감시를 피해 러시아공사관으로 피신합니다. 그때 이용한 문도 영추문입니다. 임금이 궁녀의 가마에 몸을 숨기고 궁을 빠져나가야 할 만큼 조선의 상황은 참으로 초라했습니다.

영추문은 일제강점기 때 큰 수난을 당합니다. 일본은 경복궁을 박람회 장소로 이용했는데요. 관람객들이 편히 찾아오게 한다는 이유로 영추문 바로 앞에 전찻길을 놓았어요. 그런데 전동차가 달리면서 지면이 심하게 진동하는 바람에 그만 영추문 석축 일부가 허물어진 겁니다. 결국 영추문은 철거되고 말았습니다. 지금의 영추문은 1975년에 복원된 것인데요, 이후에도 한참 동안 굳게 닫혀 있다가 관람객이 경복궁을 출입할 수 있는 서쪽 통로를 마련해 주기 위해 2018년 개방했습니다.

영추문과 관련된 옛일들은 이렇듯 안타깝고 우울합니다. 그렇지만 지금은 영추문을 나서면 평화로운 도시의 일상이 펼쳐집니다. 미술관과 카페, 소문난 맛집과 반듯하게 지어 올린 사무용 건물, 그 앞을 무심히 지나는 사람들이 영추문 앞의 분위기를 잔잔하게 만들어 주네요.

3
{ **경복궁 역사노트 : 조선왕조의 첫 궁궐** }

경복궁은 500년 조선의 시간을 완성하는 퍼즐의 첫 조
각입니다. 훗날 울창해질 조선이라는 숲의 묘목을 심은
장소라고 할까요. 앙상한 어린나무가 뿌리를 땅에 굳게
박고 튼실한 기둥으로 자라기까지 만만치 않은 시간을
견뎌야 하듯, 조선의 처음도 마찬가지였습니다.

　조선의 출발점은 고려의 수도였던 개경(지금의 개성)
이었습니다. 이전 왕조 고려가 사라진 자리에 들어선 나
라였기 때문이죠. 어린나무가 심어지던 순간입니다. 새
국가를 세운 이들에게는 도읍을 옮기는 일이 우선 급했
습니다. 새 왕조의 체계를 튼튼히 하려면 구세력의 근거
지인 개경에서 하루라도 빨리 벗어나야 했죠.

새로운 도읍의 후보지는 충남 계룡산 근처와 지금의 신촌 주변 등이었습니다. 그러다 최종 결정된 곳이 바로 서울 북악산 아래 한양이고요. 수도를 정하자 바로 새 궁궐을 짓기로 하고 지금의 자리를 선택해 경복궁 공사에 들어갔습니다.

　　궁궐을 짓는 데는 열 달이 걸렸습니다. 수도도 옮기고 궁궐도 새로 올렸으니 이제 조선도 국가로서의 면모를 갖춘 셈이죠. 완공을 축하하는 큰 잔치가 열렸는데, 태조의 명을 받은 정도전이 이 자리에서 궁궐과 각 건물의 이름을 지어 올렸습니다. 경복궁景福宮이라는 이름도 이때 정해졌지요. '큰 복을 누리며 발전하라'는 뜻입니다.

　　이제 모두가 조선왕조의 찬란한 미래만 기대했겠지만 현실은 그렇지 못했습니다. 경복궁은 곧바로 불행한 역사의 현장이 되었거든요. 태조의 다섯째 아들 이방원이 주도해 제1차 왕자의 난을 일으킨 겁니다. 조선이라는 어린나무가 첫 시련을 겪는 순간입니다.

　　이방원은 아버지를 도와 조선 건국에 큰 공을 세웠습니다. 하지만 개국공신 명단에서도 빠지고 세자 책봉 과정에서도 소외되어 불만이 컸습니다. 게다가 이방원은 국왕 중심의 나라가 되어야 한다고 생각했기에 신하들의 강력한 권한을 주장한 정도전과 팽팽히 대립했어요. 이 밖에도 여러 복잡한 갈등이 충돌하고 작용하다 결국 폭발한 사건이 바로 왕자의 난입니다. 결과는 이방원의 승리로 끝이 났죠.

왕자의 난을 주도한 인물은 방원이지만, 정작 왕의 자리에 오른 이는 태조의 둘째 아들 방과(2대 정종)입니다. 권력이 동생 방원에게 넘어가기 전 잠시 나라를 운영하던 임시 임금이었죠. 정종은 수도를 다시 개경으로 옮겼습니다. 여기서 제2차 왕자의 난이 벌어지고 나서야 비로소 이방원이 왕위에 오릅니다(3대 태종). 태종은 수도를 다시 한양으로 옮기면서 두 번째 궁궐인 창덕궁을 새로 지었습니다. 그렇다고 경복궁을 아예 버린 것은 아닙니다. 태종을 비롯한 이후 여러 임금은 경복궁과 창덕궁을 오가며 지냈어요.

경복궁은 임진왜란 때 큰 시련을 겪습니다. 부산에 상륙한 왜군이 한양까지 거침없이 치고 올라오자, 당시 임금인 선조와 신하들은 경복궁을 버리고 평양을 거쳐 멀리 의주까지 달아납니다. 주인이 집을 버렸으니 궁궐은 침입자의 차지였어요. 왜군은 마음대로 경복궁을 망가뜨렸습니다.

임진왜란 이후 276년 동안 경복궁에는 조선의 시

간이 존재하지 않습니다. 전쟁의 피해를 복구하는 일도 급한데, 큰돈이 들어갈 경복궁 재건은 엄두가 나지 않았거든요. 왜란이 끝나자 선조는 왕실 가족이 소유한 집 가운데 규모가 크고 훼손이 덜한 월산대군(성종의 형)의 저택을 임시 거처로 이용했습니다. 이곳이 지금의 덕수궁(당시 이름은 경운궁)입니다. 선조의 뒤를 이어 왕위에 오른 광해군은 경운궁에서 즉위식을 치른 후 창덕궁으로 옮겨 갔고요. 경복궁 복구 사업은 기약 없이 뒤로 밀리고 말았습니다.

역사의 무대에서 내려가 있던 경복궁이 다시 주인공으로 등장한 시기는 고종 때입니다. 실권을 잡고 있던 흥선대원군이 왕실의 권위를 세우겠다며 폐허로 버려졌던 경복궁을 다시 짓기로 한 겁니다. 명분은 그럴듯했지만 과정은 논란이 많았습니다. 대원군은 공사비를 모은다는 명목으로 기부금을 강요했습니다. 건축 자재로 쓰겠다며 왕릉은 물론 양반가 무덤 주위에 있던 나무까지 마구 베었고요. 여론이 급격히 나빠졌죠. 왕권 강화를 목적으로 시작한 경복궁 재건 사업은 결과적으로 대원군의 권력이 몰락하는 계기가 되었습니다.

어쨌든 경복궁은 흥선대원군 덕분에 화려하게 부활했습니다. 이때의 경복궁이 지금까지 온전히 남아 있다면 무척 다행스러운 일이겠지만 당시 조선의 상황은 그러지 못했습니다. 약소국 조선은 주변 강대국들이 도전해 오는 국제정세 속에서 경복궁을 제대로 지킬 힘이 없었던 거죠. 일본은 조선을 식민지로 삼더니 경복궁을 멋대로 훼손했습니다. 해방이 되었지만 이내 한국전쟁이 터져 궁궐은 다시 한 번 크게 다치고 말았고요.

경복궁을 복원 정비하는 작업은 1991년에 시작했습니다. 우리가 보는 지금의 경복궁은 '완성형'이 아니라 '진행형'입니다. 경복궁을 원래 모습으로 되돌리는 과정에 언제쯤 마침표가 찍힐지 모르겠어요. 다만 느긋하게 바라보는 마음만이 경복궁에 남은 생채기를 아물게 하고 새살을 돋게 할 힘이라 생각합니다.

II

창덕궁, 조선 임금이 가장 사랑한 집

1
{ 조선 궁궐의 명품관을 꼽자면 }

창덕궁昌德宮은 건립 시기로는 경복궁에 맏형 자리를 내줬지만, 미적 기준으로만 겨루면 자기가 제일이라 주장할 만한 궁궐입니다. 건물과 담장, 나무와 꽃과 연못 등 궁을 이루는 모든 요소가 참으로 조화롭고 아름다워 조선 궁궐의 명품관으로 꼽아도 손색이 없지요.

　　일단 궁에 들어가 움직이는 코스부터 경복궁과 사뭇 달라요. 경복궁은 궁의 '중앙'에 닿으려면 직진만 하면 됩니다. 덕분에 효율과 권위를 훈장처럼 얻었지만, 역동성이 주는 즐거움은 줄어들었습니다. 그에 비해 창덕궁은 턴과 턴을 반복해야 핵심에 닿죠. 창덕궁의 법전인 인정전仁政殿을 지나서도 턴은 계속됩니다. 적당한 긴장과 변화, 재미가 이어지는 궁궐이 바로 창덕궁이에요. 어찌 보면 동선을 복잡하게 설계했다 싶지만, 또 달리 생각하면 끊임없는 역동성을 모색하려는 그 디테일한 의도 덕에 조선의 왕들이 이 궁궐을 가장 사랑하지 않았을까 짐작해 봅니다.

창덕궁 전체 건물은 왼쪽에서 오른쪽으로 느릿하게 흘러가도록 배치되어 있습니다. 그렇게 잔잔한 모양새로 앉은 건물들을 먼발치에서 바라보다, 어느 지점이 불현듯 궁금해지면 쓱 들어가 시간을 보내고 돌아 나오면 되는 거죠. 산책하는 이들의 접근을 막으려는 위압적인 담장이 서 있지도 않아요. 건물이 다른 건물을 뒤에 품었다가 떡하니 내놓기도 하고요. 희정당熙政堂 뒤에 무엇을 숨겼나 궁금해 발길을 들여놓았다면, 대조전大造殿과 경훈각景薰閣이라는 미모의 건물을 발견할 거예요. 그러다 대조전 뒤 화계 앞에 이르러서는 어느새 황홀감에 젖은 자신을 발견할 겁니다.

이 고운 궁궐은 꼼꼼하게 셈을 하듯 하나하나 확인해 가며 보지 않아도 된답니다. 마음이 동하는 대로, 발이 이끄는 방향으로 움직이기만 하면 되거든요. 그렇게 걷다 보면, 그날이 마침 봄날이라면, 성정각 담장쯤에선 그 유명하다는 살구꽃이며 붉은 매화를 만날지도 모르죠. 승화루와 상량정 上凉亭, 낙선재樂善齋로 이어지는 파노라마 같은 화계 앞에 서면 속절없이 무너지는 마음을 확인할 수도 있겠고요. 길눈이 어두워도 창덕궁에서는 걱정하지 않아도 되는데요. 친절한 건물과 다정한 나무가 이끄는 대로 움직이다 보면 어느새 창덕궁 끄트머리 수강재 마당에 서 있을 테니까요.

그런데 감사하게도 이게 다가 아니랍니다. 이제는 터만 남은 중희당 자리를 타고 넘으면 왕의 정원이었던 후원에 안기는데요. 처음 나오는 부용지 근처에만 서도, 왜 창덕궁을 궁궐의 아름다움을 모두 그러모은 종합선물세트라고 하는지 인정하게 될 겁니다.

이처럼 보고 즐길 곳이 많은 창덕궁이지만 처음부터 욕심을 부려 하루에 다 둘러보려고는 하지 마세요. 창덕궁 외전과 내전 영역, 후원까지 모두 걷기엔 시간도 빠듯하고 체력도 부담스러울 겁니다. 여유롭게 걷다 마음 이끌리는 곳을 만나면 오래 지켜보기를 추천합니다. 창덕궁은 언제나 그곳에서 여러분을 기다리고 있을 테니 말이죠.

2
{ 창덕궁, 이렇게 걸어 보세요 }

◎　『동궐도』 → 돈화문 → 회화나무 → 궐내각사 나무 → 금천교 → 성정각 →

　중희당터 → 칠분서, 삼삼와, 승화루

『동궐도』

여행을 떠나기에 앞서 여행지의 지도를 보면서 코스와 일정을 정하고는 합니다. 창덕궁을 산책하기 전에 참고하면 좋을 그림이 있는데요, 바로 『동궐도』입니다.

경복궁을 중심으로 동쪽에 있는 창덕궁과 창경궁을 동궐東闕이라고 불렀습니다. 『동궐도』는 이 두 궁궐을 그린 그림입니다. 보자마자 대작이라고 인정할 만한 작품이죠. 우선 크기만 따져도 가로 584센티미터, 세로 273센티미터에 이릅니다. 한눈에 담으려면 몇 걸음 떨어져서 봐야 하고, 자세히 보려면 높은 곳은 목을 쭉 빼고, 낮은 곳은 허리를 깊숙이 숙여야 해요.

『동궐도』는 19세기 초반, 순조 때 제작한 것으로 추정합니다. 지금도 창덕궁과 창경궁을 걷다 보면 그림 속 장면을 실제로 만나고는 해요. 그림에 나오는 두 궁궐은 마치 한 몸처럼 보이기도 하는데요. 창덕궁과 창경궁을 산책하면서 『동궐도』에 나오는 건물과 나무, 연못, 괴석, 담장, 우물 등이 지금도 남아 있는지 확인하는 재미도 쏠쏠합니다.

그림의 시선은 공중에서 내려다보는 각도인데요. 셀 수 없을 만큼 많은 건물이 그려져 있지만, 어느 곳 하나 헷갈리거나 복잡하다는 느낌이 들지 않아요. 자세히 보면 세밀한 묘사력에 새삼 놀라기도 해요. 붓으로 그린 초고해상도 사진이라고 해도 될 정도입니다. 당장에라도 임금이 인정전 문을 열고 나와 신하들에게 명령을 내리고, 중희당에서 나온 세자가 책을 찾으러 승화루로 걸어갈 것만 같습니다.

돈화문

이제 본격 산책에 나서 볼까 합니다. 출발점은 창덕궁에서 조금 떨어진 종로3가역 7번 출구쯤으로 하려고요.

창덕궁의 정문인 돈화문敦化門과 그 주변 모습을 걸으면서 바라보며 어떻게 달라지는지 확인하기 위해서입니다.

지하철역 계단을 올라 북쪽을 바라보고 서니, 멀찍이 돈화문이 보입니다. 천천히 다가가 보겠습니다. 돈화문 뒤로 소복이 솟은 산 하나가 눈에 들어옵니다. 북한산 보현봉입니다. 산봉우리가 돈화문 지붕 가운데 지점에서 정확히 떠오르도록 문의 위치를 잡았다는 사실을 짐작할 수 있겠죠? 그렇다면 보현봉은 돈화문뿐 아니라 창덕궁 전체의 기준점이 되겠군요.

보현봉이라는 이름은 석가모니불을 오른쪽에서 모시는 보현보살에서 따왔습니다. 왼쪽에서 모시는 보살은 문수보살인데요, 그러고 보니 보현봉 옆으로 봉긋 솟은 봉우리 이름이 바로 문수봉이에요. 조선은 공식적으로는 불교를 탄압하는 정책을 폈습니다. 그런데 마음 한편에서는 임금이 살 집을 지으면서 대대손손 부처님의 보호를 받고 싶었나 봐요. 창덕궁을 지으면서 실제로 부처님께 슬쩍 마음을 기댔는지 확인할 방법은 없습니다. 봉우리와 문을 찬찬히 살피고 걸으면서 돈화문을 지어 올린 이들의 속마음을 짐작해 볼 따름이지요.

걷다 보니 신기한 일이 벌어집니다. 돈화문에 가까

워질수록 빼꼼하게 솟아 있던 보현봉이 슬금슬금 제 몸을 숨기기 시작하네요. 깜짝 놀랄 일을 만나 잔뜩 움츠러드는 자라 목처럼 말이죠. 산이 땅속으로 가라앉을 리도 없는데 말입니다. 그렇게 차츰 작아지던 보현봉은, 창덕궁 삼거리와 월대의 경계선쯤에 와서 보니 드디어 돈화문 안에 갇히고 말았어요. 액자 속 그림처럼 말이죠.

우리가 걸어온 이 길은 임금이 궁으로 들어오면서도 지나왔을 길입니다. 거둥擧動(임금의 나들이)을 마치고 돌아오는 임금은 보현봉에 대고 무사히 환궁한 데에 감사를 표했을지도 모르겠어요. 보현보살이 부처를 돕듯, 영원토록 저곳에 서 있을 보현봉이 자신과 조선을 도와주기를 바라는 마음도 있었을 거예요.

돈화문을 통과해 궁에 들어섰다면, 한번 뒤돌아서 보세요. 돈화문 앞으로 뻗어 나간 길이 보이나요? 거둥을 나가는 길에 임금의 눈에 들어왔을 장면입니다.

회화나무

"저 나무는(또는 저 건물은) 저 자리에서 수많은 역사의 장면을 봤겠지."

오랫동안 같은 자리를 지키고 있는 무언가를 가리

키며 흔히 하는 표현입니다. 돈화문으로 들어서자마자 양옆으로 서 있는 회화나무 여덟 그루에게도 할 법한 얘기죠.

저는 조금 달리 이야기하고 싶어요. 회화나무는 『동궐도』에도 선명하게 그려져 있습니다. 그렇다면 『동궐도』를 제작할 때 임금인 순조는 물론이고 이후 여러 임금도 저 나무를 눈에 담았을 겁니다. 임금뿐 아니라 우리가 아는 조선 후기 유명한 인물들도 마찬가지겠지요. 그들의 눈에 회화나무는 어떻게 비쳤을지 생각해 봤습니다.

아들 효명세자를 먼저 저세상으로 보내고 돌아오던 날, 아버지 순조는 나무가 건네는 위로를 들었을까요. 자신의 의지와는 상관없이 강제로 황제 자리에 오른 순종은 나무가 전하는 안타까움을 느꼈을까요. 대한제국이 끝나던 그날만큼은 서쪽으로 해를 등진 나무의 그림자가 무척이나 길었을 것만 같습니다.

각자 처한 상황과 생각에 따라 같은 회화나무도 달리 보였을 거예요. 지금 이 회화나무 여덟 그루는 창덕궁 입구를 든든하게 지키는 모습입니다. 계절이 변하고 시간이 흘러도, 늘 그 자리에 서서 방문객을 환영할 나무입니다.

궐내각사 나무

건물과 자연이 조화를 이뤄 궁궐의 아름다움을 만듭니다. 풍경은 싹 사라진 채 건물만 덩그러니 남은 궁궐을 상상하면 얼마나 삭막한지요. 그렇다면 풍경 안에서 궁궐을 빛나게 해 주는 주인공은 무엇일까요. 저는 나무라고 생각합니다. 봄이면 새순을 밀어 올려 우리 앞에 꽃을 내어놓는 나무 말이에요. 여름 장마의 빗방울과 가을의 단풍, 겨울의 함박눈으로 곱게 단장하는 것도 게을리하지 않는 나무 말입니다. 날씨와 계절을 타고 나무는 우리에게 늘 새로운 얼굴을 보여 주네요. 궁궐의 아름다움이 나무에 크게 의지한다고 할 수밖에요.

창덕궁에는 수려한 나무가 여럿 있습니다. 특히 궐내각사에는 보기만 해도 마음이 싱그러워지는 나무가 많이 모여 있어요. 건물과 건물이 비좁게 어깨를 붙이고 선 궐내각사를 걷다가 시원스레 우뚝 솟은 나무를 보는 것만으로 숨통이 탁 트입니다.

발걸음을 멈추게 하는 첫 번째 나무는 책고冊庫 앞에 있습니다. 책고란 왕의 글씨나 책을 모아 관리하던 곳입니다. 현대에 복원한 건물인데 단조롭게 생겨서 딱히 멋은 없어요. 건물 앞에 선 듬직한 은행나무가 아니었으면 저도 이곳을 눈여겨보지 않았을 거예요. 나무 한 그루 덕에 책고 앞은 매력적인 공간이 되었습니다.

어느 날 갑자기 쏟아지는 비를 피해 책고 처마 밑으로 몸을 숨겼더니, 저쯤에 선 은행나무가 저를 내려다보고 있더라고요. "이제야 날 제대로 보는구나" 하고 말하는 것만 같았습니다. 소나기를 맞아 촉촉해지던 나뭇잎들도 수줍게 인사를 건네고 있었고요. 나무와 첫인사를 나누며 후두둑 떨어지는 빗소리를 마음에 담았습니다.

10월 중순쯤부터 은행나무는 옷을 갈아입기 시작합니다. 무성한 잎이 하루가 다르게 색을 바꾸다가 10월 말쯤엔 드디어 샛노랗게 변신을 마치죠. 나무 그늘까지 노란색으로 물들 것 같은 가을이 오면, 어찌 알았는지 책고 앞은 아이들의 소풍 장소가 됩니다. 그때부터 나무는 은행잎을 떨구며 아이들을 반기고요.

창덕궁에 오는 분들은 대개 돈화문으로 들어와서는 금천교 쪽으로 방향을 틀어 인정전 방향으로 갑니다. 궐내각사로 들어온다고 해도 규장각과 검서청까지만 보고는 도로 나가지요. 덕분에 저는 은행나무 앞을 혼자만 차지할 때가 많았어요. 소란스러움에서 비켜서 조용한 궁궐을 즐기기에 딱 좋은 곳입니다.

이제 **구선원전**舊璿源殿(왕의 초상화인 어진御眞을 모시고 제사를 올리던 곳)을 통과해 영의사永依舍(왕이 선원전에 제사를 드리기 전날 머물던 곳)로 가겠습니다. 궐내각사 깊숙이 자리한 곳이라 여기까지 들어오기는 사실 수월하지 않습니다. 그래도 널찍한 마당과 가장자리에 서 있는 커다란 느티나무 한 그루 덕분에 영의사 앞까지 오길 잘했다 싶어요. 언제 오든 평온한 분위기가 흐르고 운치가 느껴지는 장소입니다.

영의사 앞마당에 와서는 막 걸음마를 뗀 아이와 함께 온 젊은 부부를 종종 봤습니다. 아이가 서툰 발걸음을 옮기며 놀아도 안전하다 생각해 이곳까지 들어왔나 봐요. 그 가족의 행복한 한때를 방해할까 싶어 말소리를 줄이고 조용히 머물다 자리를 뜨고는 했습니다. 세 식구의 평화롭던 시간도 제가 느꼈던 고요함도 영의사 앞 느티나무가 마련한 선물 같았습니다.

금천교

금천은 궁궐 밖과 안을 구분하는 경계입니다. 바깥세상의 나쁜 기운이 임금님 사시는 궁 안으로 들어오지 못하도록 막아 주기를 바라며 궁궐 입구쯤에 물길을 흐르게 했죠. 그래서 '금하다'라는 의미를 담아 금천禁川이라고 합니다. 창덕궁 금천을 건너는 다리 이름은 금천교錦川橋인데요, 비단 금錦 자를 썼습니다. '비단처럼 아름다운 하천을 건너는 다리'라는 뜻이죠. 낭만적인 이름입니다. 조선시대에는 비단 같은 냇물이 흘렀겠지만 지금은 모두 말라 버렸습니다. 흐르는 물을 볼 수 없는 아쉬움은 다리를 제 집 삼아 살고 있는 동물 조각들을 보면서 달래기로 하죠.

금천교 아래를 보면 물길이 두 개가 나 있고 그 사이에 도깨비 얼굴이 새겨져 있습니다. 도깨비 얼굴 밑으로 북쪽에는 거북이상, 남쪽에는 해태상이 보입니다. 물이 있었다면 북에서 남으로 흘렀을 텐데요, 도깨비와 해태, 거북이는 흐르는 물을 필드 삼아 궁궐을 보호하는 수비수라고 할 수 있겠습니다.

난간 위에는 강아지와 돼지 모양을 한 돌조각들이 올라가 있네요. 이 동물 조각의 가장 예쁜 부분은 꼬리입니다. 살짝 감긴 모양이 주인한테 애교라도 부리려나 봐요. 도깨비와 해태, 거북이가 외부의 악한 기운을 막을 주전 수비수라면, 강아지와 돼지는 후보 선수쯤 될까요. 그런데 제대로 임무를 수행이라도 할까 싶을 만큼 듬직하다기보다는 귀엽게만 생겼습니다.

오늘날 직장인이 아침저녁으로 지하철을 타고 한

강철교를 건너듯, 금천교는 조선시대 신하들의 출퇴근 길이었겠죠. 1411년 태종 때 만들어졌으니 수많은 신하들이 이곳을 지나다녔을 거예요. 그들도 스트레스와 긴장을 안고 궁에 들어왔다가 종일 쌓인 피로를 짊어진 채 집으로 돌아갔을 겁니다. 한강철교를 건널 때 무심히 보이는 비 오는 날 한강 풍경과 저녁노을이 우리에게 위로가 되듯, 궁궐에서 근무하는 조선의 공무원도 금천교에 올라앉은 강아지의 앙증맞은 꼬리 앞에서는 픽 웃으며 지나가지 않았을까요.

성정각

성정각誠正閣은 미래 권력자, 세자가 공부하던 장소입니다. 세자시강원世子侍講院이라는 교육기관을 설치해 스승 여러 명이 세자에게 학문과 예술, 체력 단련에 이르기까지 다양한 분야를 가르쳤지요.

성정각 입구는 '어진 이를 맞이한다'는 뜻의 영현문迎賢門입니다. 문으로 들어서면 높다란 성정각과 누마루가 시야를 메웁니다. 높게 쌓은 기단 위에 올라선 성정각 옆으로 더욱 높게 올라간 누마루가 이어지고요. 누마루 앞에 서면 '報春亭'(보춘정)과 '喜雨樓'(희우루)라는 현판이 보이고, 서쪽 담장 너머로는 인정전의 지붕이 눈에 들어오죠. 성정각 뒤로 돌면 세자가 공부하거나 책을 보관하던 관물헌觀物軒이 있는데요. 관물헌은 성정각 누마루보다도 더 높이 쌓은 기단 위에 있어서 이곳에 서면 남쪽 담장 너머 풍경이 내려다보여요. 지금은 빈터일 뿐이지만, 조선시대에는 건물들이 빼곡하게 들어차 있었을 곳입니다.

처음 왔을 때는 왜 이렇게 건물들을 높게 올려놓았을까 궁금했습니다. 밖을 오갈 때마다 누마루 계단을 올라야 하고, 관물헌에 가려면 또 계단을 올라야 하는 불편한 구조가 궁금했지요. 직접 계단을 걸어 올라가 누마루 앞에 서고, 다시 성정각 뒤로 돌아 관물헌 앞에 서서야 그 이유를 짐작할 수 있을 것 같았어요.

'세자도 지금 내 앞으로 펼쳐진 경치를 봤겠지. 담장 너머 손에 닿을 듯한 인정전의 지붕을 보면서, 언제고 그곳에서 조선을 이끌 그날을 상상했겠구나. 관물헌 앞에서는 나라의 미래를 구상했을지도 몰라.'

그러자 성정각의 위치와 높이가 다시 보였습니다. 너무 높이 올리지 않아 현재 왕에게 예를 지키면서도, 적당한 높이에서 미래를 보게 만든 디자인이었습니다.

중희당터

창덕궁 동궁은 성정각 동쪽 문 자시문資始門 밖으로 이어집니다. 문을 지나 밖으로 나가 봤자 공터일 뿐이지만 이곳에는 중희당重熙堂이라는 건물이 있었습니다. 바닥에 중희당의 기초로 썼던 기단석의 흔적이 보입니다.

중희당은 정조가 31세에 낳은 첫아들 문효세자를 위해 지은 건물입니다. 당시로선 늦은 나이에 얻은 아들이었죠. 정조는 늦둥이 세자를 무척 사랑했습니다. 아들이 태어난 날 정조의 기쁨이 얼마나 컸는지, 기록에서도 생생히 느껴집니다.

비로소 아비라는 호칭을 듣게 되었으니, 이것이 다행스럽다.
—『정조실록』14권, 정조 6년(1782) 9월 7일

정조는 아버지라고 불리고픈 마음이 간절했나 봅니다. 당연한 얘기지만, 자식이 있어야 아버지로 불릴 수 있죠. 정조는 자신을 아버지로 만들어 준 아들의 탄생을 이렇게 기뻐했어요. 하지만 행복했던 시간도 금세 끝나고 맙니다.

왕세자가 훙서하였다. 세자의 병 증세가 갈수록 심해
지자, 시약청을 설치하고 대신을 파견하여 재차 사직
과 종묘에 기도하였다. 이날 미시에 창덕궁의 별당에
서 훙서하였는데, (……) 임금은 흑립과 백포대를 착용
하고 여러 신하들은 천담복 차림으로 상(喪)을 발표하면
서 검정 곤룡포를 입고 고복하였다.

—『정조실록』21권, 정조 10년(1786) 5월 11일

아픈 세자의 병을 치료하기 위해 정조는 모든 노력
을 다했습니다. 약을 지을 임시 관청을 설치했고, 종묘
와 사직에 신하들을 보내 기도까지 했죠. 하지만 안타깝
게도 세자는 겨우 다섯 살에 생을 마감했습니다. 아들을
떠나보낸 아비의 마음은 입었던 옷 색깔로도 짐작이 갑
니다. 세자가 숨을 거둔 날, 정조는 흑갈색으로 옻칠한
갓과 흰색 상복으로 갈아입었습니다.

칠분서, 삼삼와, 승화루

사극 영화나 드라마에 종종 나오는 장면이죠. 어느 날,
임금이 다급하게 소리칩니다. "동궁! 동궁은 지금 어디

있느냐? 가서 동궁을 불러오라!"

여기서 말하는 '동궁'東宮은 세자를 가리키는 별칭입니다. 세자의 거처가 궁 동쪽에 있었거든요. 나라의 근본이라는 뜻을 담아 세자를 '국본'國本이라고도 했습니다.

창덕궁 동궁 영역은 성정각과 관물헌, 중희당 그리고 동쪽에 있는 칠분서七分序, 삼삼와三三窩, 승화루承華樓까지입니다. 이 가운데 승화루는 세자의 도서관으로 쓰던 건물로 '소주합루'小宙合樓라고도 불렸습니다. 창덕궁 후원에 있는 왕의 도서관 이름이 주합루인데요, 승화루를 작은 주합루라고 불렀다는 사실이 흥미롭습니다. 승화루에 모아 둔 서적 목록을 정리한 책 『승화루서목』承華樓書目을 보면, 승화루에 자그마치 910종 4,555점의 서책과 서화를 보관했다고 기록되어 있습니다.

3
창덕궁 후원, 이렇게 걸어 보세요

◎ **후원 입구** → **부용지와 부용정** → **주합루** → **관람정과 존덕정** → **연경당**

후원 입구

입구 앞에서부터 조급증이 고개를 들었습니다. 저 길 끄트머리에 도대체 뭐가 나올지 무척 궁금했거든요. 후원에 들어가기 전, 함양문咸陽門 매표소 근처에서 대기하면서 계속 가슴이 두근거렸답니다.

창덕궁 후원을 보려면 예약을 해야 합니다. 시간마다 입장 인원도 제한되어 있고요. 관람할 때도 혼자 자유롭게 돌아다닐 수 없고 해설사를 따라다녀야 합니다. 얼마나 대단한 걸 숨겨 놓았길래 이렇게 까탈스러울까, 뿌루퉁한 마음도 슬몃슬몃 일어났어요. 그런데 입구를 통과하자마자 나타나는 풍경 앞에서 아까의 조급함도, 조금 전의 심술도 눈 녹듯 사라지고 말았습니다. 왕이 즐겼던 숲이, 거기 있었기 때문입니다.

창덕궁 명성의 지분을 따지자면 후원이 절반 이상을 차지할 겁니다. 이 숲이 식민 통치와 전쟁의 세월을 견디고 우리에게 이렇게 와 준 사실은 축복입니다. 조선의 왕은 얼마나 욕심이 컸으면 이 신비로운 숲을 혼자 즐길 생각을 했을까요. 이렇게 우아하게 정원을 가꾼 군주의 안목에 새삼 감탄할 뿐입니다.

'숲에 들어간다'란 말은 후원을 두고 했나 봅니다. 몇 발짝 들여놓았을 뿐인데 우리는 높은 빌딩과 자동차 소음에서 해방됩니다. 생각해 보니 '빌딩숲'이란 얼마나 잔인한 말인가요. 건물이 나무가 아닐 텐데, 건축물들이 모인 도심에 숲이란 말을 붙이고 말았어요. 후원에 왔다면 마음을 놓아도 좋습니다. 진짜 숲이니까요.

후원을 관람할 때면 "서울에 이런 곳이 있었어?" 하는 탄성이 흔하게 들려옵니다. 이때 자연의 역할은 인공 구조물의 화려함을 빛내 주는 조연이나 액세서리가 아닙니다. 처음부터 주인공이었던 자연의 자리를 후원의 건물들이 넘볼 틈은 애초에 없었으니까요. 자연이라는 거대한 존재에 인간이 만든 사소한 시설물이 조심스럽게 세를 들었다고 할까요. 살짝 옆자리를 허락해 준 것만도 고마울 따름입니다.

후원은 숲 사이사이를 비집고 건물을 정교히 배치한 왕의 정원입니다. 건물과 정자, 연못과 인공 섬, 길과 담장 모두 무심히 놓은 듯하지만 그렇지가 않답니다. 혹여 자연의 미관을 해칠까, 또는 숲의 정령이 노여워할까 싶어 삼가고 또 삼간 흔적이 보입니다. 그러니 창덕궁 후원을 두고 조선시대 정원 디자인의 최고 경지라고 하는 거겠죠. 이제 왕실의 정원, 후원을 걸어 보겠습니다.

부용지와 부용정

 후원의 첫인상은 우거진 숲길입니다. 깊게 뿌리 내린 나무들이 양옆으로 행렬을 이뤘네요. 무성한 가지와 이파리가 살짝 허락한 하늘 풍경에 취해 몇 분쯤 걷다 보면…… 무슨 신호라도 들었는지 빈틈없던 나무의 대열이 일사불란하게 뒤로 물러납니다. 갑자기 시야가 탁 트이네요. 후원 관람의 첫 만남, 부용지芙蓉池가 거기 있습니다.

후원에 처음 온 방문객들은 부용지 앞에서 짧은 탄식을 내뱉고는 합니다. "이런 곳이 있었다니!"라는 놀라

움과 "왜 이제야 왔을까!" 하는 후회가 합쳐진 낮은 비명이죠. 국보급 진경산수화가 눈앞에 쫙 펼쳐져 있으니까요. 그러고 보면 이곳까지 걸어오면서 지나온 숲길은 그림 같은 본편을 보여 주기 위한 그럴듯한 예고편이었어요.

후원은 부용지를 비롯해 애련지愛蓮池, 관람지觀纜池, 옥류천玉流川, 연경당까지 다섯 구역으로 나뉩니다. 드라마로 치면 1회에 해당하는 부용지가 이 정도이니, 다음 또 다음 회에는 얼마나 근사한 장면이 나올지 한껏 기대됩니다.

부용지는 '하늘은 둥글고 땅은 네모나다'라는 동양 전통사상을 표현한 연못입니다. 하늘을 상징하는 둥근 인공 섬이 물 한가운데 둥실 떠 있고요, 땅을 표현하는 네모진 연못이 하늘을 떠받친 모습입니다. 부용지는 원과 사각으로 하늘과 땅을 품고, 왕은 그런 부용지를 혼자 차지했군요. 국가의 운명을 이끌 책임감의 무게를 생각하면 왕이 되고픈 마음은 전혀 들지 않지만, 후원의 소유자로 누릴 기쁨만 생각한다면 단 며칠이라도 어좌에 앉아 보고 싶다고 상상해 본 적이 있습니다.

왕은 때때로 후원으로 신하들을 초대해 글을 짓거나 뱃놀이를 즐겼습니다. 왕이 내준 시제에 맞춰 시를 짓지 못한 신하는 부용지 가운데 인공 섬으로 잠시 '유배'를 가기도 했는데요. 기약 없이 먼 땅으로 향해야 하는 유배란 형벌은 사대부들에게 끔찍한 시간이었을 겁니다. 그러니 비록 웃자고 보낸 짓궂은 귀양살이 체험이라도 당하는 신하 입장에서는 섬뜩한 순간이었을 거예요. 왕에게는 부용지 놀이를 통해 신하들의 권력을 살며시 누르려는 의도가 있지 않았나 짐작해 봅니다.

조금 전부터 연못 한쪽에 두 발을 담근 정자 한 채가 자꾸만 눈에 걸리네요. 부용정芙蓉亭입니다. 등줄기에 땀이 줄줄 흐르는 혹서의 계절, 바짓단을 무릎께까지 걷어 올리고 찬물에 발을 쑥 넣은 선비의 모습이 떠오릅니다. 한겨울에는 혹한의 추위 때문에 물속에 담근 다리가 동상이라도 걸릴까 싶어 얼른 일으켜 주고 싶은 마음도 들어요.

정자는 우리 전통 한옥에서 선비들이 특히 사랑했던 공간입니다. 책을 읽을 때는 공부방이었고, 격무에 시달리다 망중한을 즐길 때는 쉼터였죠. 정조가 부용정에서 낚시를 즐겼다는 기록도 있습니다.

주합루

 정조는 극심한 당쟁 과정에서 아버지 사도세자를 잃었습니다. 자신도 왕이 되기까지 반대 세력의 집요한 방해를 경험했고요. 모진 세월을 견디면서도 자신이 집권하면 반드시 왕권을 강화하고 정치 개혁을 완수하겠다고 다짐하고 또 다짐했을 겁니다. 정조는 자신을 도와 개혁을 완수할 인재를 찾았습니다. 주합루宙合樓는 이렇게 모은 젊은 선비들이 마음껏 공부할 수 있도록 정조가 마련해 준 공간입니다. 쉽게 말하자면 왕립도서관이죠. 1층 규장각奎章閣에는 책을 보관했고, 2층은 1층에 있는 책을 갖고 올라가 읽는 열람실이었습니다. 그 유명한 다산 정약용을 비롯해 박제가와 유득공 등이 주합루가 낳은 실학자였습니다.

정조는 수시로 주합루를 찾아 학자들의 실력을 몸소 테스트했습니다. 현실 문제를 놓고 이들과 논쟁하고 토론하기를 마다하지 않았지요. 자신이 발탁한 인재들이 나날이 발전하는 모습을 보면서 퍽 뿌듯했을 겁니다.

부용지를 등지고 주합루 앞에 서 보겠습니다. 한참 올려다봐야 할 만큼 주합루는 저 높은 곳에 자리합니다.

바로 앞으로는 계단 몇 개 위에 어수문魚水門이 있네요. 양옆에 낮은 문이 또 있고요. 번듯하게 세운 어수문 옆에 허리를 깊이 숙여야 겨우 통과할 수 있는 낮은 문을 왜 또 만들었을까요. 어수문은 임금만 이용하는 문이었습니다. 양쪽 낮은 문으로는 신하들이 드나들었고요. 당연히 불편하게 고개를 숙여야 지나갈 수 있었겠죠.

정조는 문 높이로 신하들의 기강을 잡으려 했던 건 아닐까요. 어수문을 지나며 정조는 '오직 임금인 나 혼자만 허리를 꼿꼿하게 세운 채 주합루를 오를 수 있다!' 하고 과시하지 않았을까 싶어요.

관람정과 존덕정

부용지와 애련지를 지나면 이런 생각이 듭니다. 후원이 어디까지 이어지는 걸까? 숲이 생각보다 깊네?

후원은 '끝없이 펼쳐진다'는 수사를 붙여도 될 만큼 깊숙이 이어집니다. 또 어떤 보물을 숨겼다가 우리 앞에 내놓을지 궁금해질 무렵, 숲길 왼쪽으로 연못이 나타납니다. 세 번째 연못, 관람지입니다. 부용지와 애련지가 정방형의 규칙을 품었다면, 관람지는 불규칙의 매력을 뽐내는 곳이죠. 원래는 연못 세 개로 나뉘어 있다가 일제강점기에 지금처럼 하나로 합쳐졌습니다. 연못 모양이 한반도 지형과 닮아 '반도지'라고도 불립니다.

주인 무릎에 발 한쪽 털썩 올려놓은 강아지마냥, 연못가에 살짝 다리를 걸친 정자가 관람정觀纜亭입니다. 우리나라에서는 유일하게 부채꼴 모양으로 멋을 부린 정자예요. 관람정의 매력 포인트는 외양뿐이 아닙니다. 사람 이마에 붙인 것처럼 처마 밑에 앙증맞은 현판을 달고 있는데요, 물 위에 떠다니는 이파리를 닮은 것이…… 꼭 파초 잎을 본떴군요.

관람정 기둥에 손길 한번 주고는 뒤로 돌아 나와 돌다리를 건넙니다. 관람정하고는 분위기가 또 다른 정자가 있네요. 우리는 지금 존덕정尊德亭 앞에 섰습니다.

지붕을 이중으로 올렸고 마룻바닥은 기둥으로 구역을 나눴습니다. 규모는 크지 않지만 격식을 차린 정자 같습니다. 마치 예복을 갖춰 입은 신사를 만났을 때의 느낌이랄까요. 천장 북쪽에는 깨알 같은 글씨를 써놓은 게판揭板이 걸려 있습니다. 제목쯤은 기억해 둘까요. '만천명월주인옹자서'萬川明月主人翁自序, '만 개의 냇물을 비추는 밝은 달의 주인이 직접 쓰다'라는 뜻입니다. 한두 개도 아니고 만 개의 냇물을 비추는 달의 주인이라니…… 달의 밝기가 대단하다 싶어요. 자신감에 찬 이 글의 주인공은 정조입니다. 자신의 정치철학과 다짐을 담은 글을 써 달았습니다. 혼자 보려고 했다면 침전에 걸어 놓았을 텐데 왜 굳이 존덕정에 공개했을까요. 신하들에게 정치적 메시지를 보내려는 의도 아니었을까요. 왕의 권력을 굳세게 하고, 잘못된 정치 관행을 바로잡아 개혁에 나서겠다는 의지를 보인 거겠죠.

때때로 존덕정을 개방하기도 합니다. 신발을 벗고 마룻바닥 위로 올라갈 수 있죠. 정조의 글씨를 가까이서 볼 수 있는 기회입니다. 천장을 올려다보니 서로 두 눈 부릅뜬 용 두 마리가 그려져 있어요. 마루에 앉으면 기둥 사이로 후원 풍경이 입체 영상처럼 펼쳐지고요. 연못 건너에 『동궐도』에 나오는 은행나무도 보이네요.

후원에는 정자가 참 많습니다. 부용정과 애련정, 관람정과 존덕정은 연못으로 다리를 뻗어 내린 점에서 비슷해 보여요. 후원을 다 돌아보고 어느 정자가 가장 마음에 드는지 꼽아 보는 것도 재미있겠지요. 서로 다투듯 아름다움을 뽐내는 네 정자가 새삼 고맙습니다.

연경당

 이제 마지막 영역인 연경당演慶堂으로 가
겠습니다. 연경당을 소개하려면 순조의
아들 효명세자 이야기부터 해야 합니다.
대한민국에서 태어났다면 뛰어난 엔터테이너가 되었을
예술성 충만한 인물, 문학에도 조예가 깊어 대문호로 성
장했을 청년이었죠. 18세부터는 건강이 나빠진 아버지
대신 나랏일까지 도맡았으니, 21세에 요절하지 않았다
면 기울어 가던 나라의 운명이 그의 손에서 다시 살아났
을지도 모를 일입니다.

효명은 효심이 깊었던 세자로도 유명합니다. 부모
를 기쁘게 해 드리고픈 마음에 큰 잔치를 자주 열었는
데, 그 장소가 바로 연경당입니다. 연경당은 사대부 저
택처럼 사랑채와 안채 등을 갖춘 형태입니다. 사랑채 건
물 동쪽에는 서재로 썼던 선향재善香齋가 있습니다. 햇빛
을 가리려고 동판 지붕을 설치하고 도르래로 차양을 연
결해 두었죠. 반자동 햇빛가리개쯤 되겠어요. 선향재 뒤
쪽, 저 높은 자리에 올린 정자는 농수정濃繡亭입니다. 새
가 날갯짓하듯 유려한 곡선을 그리는 지붕이 멋지네요.

궁궐마다 나무색을 그대로 둔 건물을 한두 채씩 볼

수 있는데, 연경당도 그중 한 곳입니다. 화려한 단청 색 건물 사이에서 자연스러운 빛깔로 앉은 모습이 특별부록처럼 보이는 집입니다. 후원을 돌고 돌다 마지막으로 연경당에 들어서면 깊은 숲속에 모셔 둔 보물을 만난 기분이 들죠.

4
창덕궁 역사노트 :
자연 위에 내려앉은 아름다운 집

창덕궁은 경복궁에 이어 두 번째로 지은 궁궐입니다. 전쟁이나 재난으로 국왕이 법궁인 경복궁에 있기가 어려울 때를 대비해 지은 이궁離宮인데요. 정작 창덕궁을 지은 이유는 따로 있었습니다.

2대 임금 정종은 왕이 된 직후에 수도를 한양에서 다시 개경으로 옮겼습니다. 그런데 개경에서 태조의 넷째 아들 방간이 동생 방원을 제거하려 제2차 왕자의 난을 일으킵니다. 이 난을 수습하고 방원은 드디어 3대 임금 태종이 되지요. 태종은 수도를 다시 한양으로 이전하면서 창덕궁 건립을 명령했습니다.

멀쩡한 경복궁을 두고 다시 새 궁궐 건축을 결정한

배경을 두고 해석이 다양합니다. 태종이 내세운 명분은 경복궁 터가 좋지 않다는 것이었어요. 넓은 평지에 궁을 짓는 바람에 주변 산에 오르면 경복궁 안마당이 훤히 들여다보여 외부 침입에 약하다는 이유를 들었죠. 하지만 태종의 속마음은 그렇지 않았을 겁니다.

경복궁이 어떤 곳인가요. 태종 자신이 첫 번째 왕자의 난을 일으켜 이복동생들을 무참히 살해한 장소입니다. 자기 손에 피를 묻히며 형제를 죽였던 참혹한 현장으로 다시 들어가기는 싫었던 모양입니다. 또한 경복궁은 자신과의 권력 투쟁 과정에서 희생당한 정도전이 건축의 모든 과정을 결정했던 궁궐이었지요. 이런 이유로 태종은 새 집이 필요했던 겁니다.

이렇게 지은 창덕궁은 임금들이 가장 사랑한 궁궐이었습니다. 여러 왕이 창덕궁에 머물며 국정을 돌봤죠. 하지만 오랜 세월 궁궐 기능을 이어 오던 창덕궁도 시련의 세월에서 비켜날 수는 없었습니다. 창덕궁은 공식적으로 대한제국의 시간이 멈춘 장소입니다. 1910년 8월 22일 창덕궁 흥복헌興福軒에서 마지막 어전회의가 열렸는데요. 그리고 며칠 후인 8월 29일, 대한제국은 일본에 강제로 국권을 빼앗기고 말았죠. 훗날 경술국치일로 기억되는 이날 이후, 창덕궁을 비롯한 조선의 다섯 궁궐은 궁궐로서의 기능을 잃고 맙니다.

III

창경궁, 효심을 담은 궁궐 속으로

1
계절을 가장 빛내 주는 궁궐

창경궁昌慶宮에 올 때면 늘 지하철을 타고 혜화역에 내립니다. 역에 내리는 순간부터 창경궁 산책이 시작됩니다. 몇 번 출구로 나갈지, 어느 길로 걸어갈지를 두고 고민하는 그때부터 오늘은 또 창경궁에서 어떤 풍경을 만날지 설렙니다.

　대개는 국립어린이과학관 쪽으로 이어진 길을 선택합니다. 분주한 대학로에서 벗어나면 창경궁로를 끼고 인도가 쭉 이어져요. 서울의 다른 곳에서도 흔히 볼 수 있는 평범하고 한갓진 길입니다. 초여름 이 길을 걷는다면 벽에 달라붙은 담쟁이넝쿨이 준비한 환영식을 볼 수가 있는데요. 어른 손바닥보다도 큰 초록의 잎들이 잘 왔다며 춤을 춰 줄 겁니다. 찻길을 따라 크게 좌회전한다는 기분으로 걸으면 저쯤에 홍화문弘化門이 나타납니다. 창경궁에 다 왔다는 얘기입니다.

창경궁은 창덕궁과 등을 맞대고 있어 두 궁궐을 한 몸처럼 보기도 합니다. 창덕궁의 화려함에 밀려 창경궁의 진짜 매력을 소홀히 여기는 이들도 있지만, 이는 창경궁을 제대로 보지 못했기 때문이에요. 동쪽과 남쪽으로 엇갈려 보고 앉은 창경궁의 외전과 내전에는 충분히 사랑스러운 건물들이 모여 있고요, 창덕궁과 연결 통로로 이용하는 함양문에서 출발해 통명전과 양화당養和堂 뒷길을 거쳐 춘당지春塘池로 이어지는 근사한 산책로는 다른 궁궐이 시샘하고도 남을 만합니다. 창경궁의 봄을 보고 싶어 왔다면 반드시 이 길을 걸어야 하는데요. 눈으로 보는 경치는 당연하고 후각을 자극하는 꽃 내음이 도대체 어디서 오는 향기인가 주위를 두리번거리게 됩니다.

커다란 연못 춘당지도 멋지고, 궁궐에 있는 유일한 대온실을 보는 재미도 크죠. 홍화문으로 들어와 외전과 내전, 춘당지와 대온실까지 걸으면 창경궁이 이렇게 큰 궁궐이었나 싶어 새삼 놀라요. 대온실을 중심으로 궁궐 곳곳에서 어슬렁거리며 주인 행세를 하는 길고양이들

을 만날 때의 반가움도 창경궁에서만 느낄 수 있는 매력
입니다.

{ **창경궁, 이렇게 걸어 보세요** }

◎   **옥천교** → **문정전** → **함인정** → **환경전** → **경춘전** → **통명전, 열천, 연지** →

대온실 → **선인문**

옥천교

창경궁을 제외한 네 궁궐에 있는 금천교는 사실 제 기능
을 잃은 다리입니다. 궁궐의 입구쯤에 흐르게 한 금천이
모두 말랐기 때문입니다. 건널 물도 없는 채 다리만 자
리를 지키고 있는 거죠. 하지만 창경궁 옥천교玉川橋에
서만큼은 물을 볼 수가 있습니다.

　그런데 말 그대로 '물을 볼 수 있을' 뿐, '시원하게
흐르는' 모습을 보기는 어려워요. 그저 물이 마르지 않
은 정도이고, 그나마도 가느다란 물줄기가 졸졸 흐르다
중간에 바닥이 우묵한 곳이라도 만나면 고인 상태로 멈

추기 일쑤죠. 그래도 큰비가 오거나 장마 때는 나름 흐르는 물을 볼 수 있어 반갑습니다.

그런데 제 생각에 창경궁 옥천교의 진짜 주인공은 '(시원하게 흘렀으면 하는) 물'이 아니라, '(해마다 거르지도 않고 활짝 피는) 벚꽃' 같아요. 다리 이편에서 보든 건너에서 보든, 또는 금천이 흐르는 방향을 따라 북쪽에서 보든 남쪽에서 보든, 아무튼 요모조모 뜯어봐도 어디 빠지는 데라고는 찾을 수 없는 벚꽃 경치를 실컷 누릴 수 있어요. 그뿐인가요. 1+1 보너스 챙기듯 꽃향기까지 살뜰히 맡을 수 있답니다. 흐드러지게 핀 벚꽃에 그만 마음이 붙들려 발걸음을 못 떼다가, 명정문明政門 안으로는 들어가 보지도 못한 채 옥천교 주변만 서성이다 돌아간 적도 여러 번입니다.

그런데 그 수줍게만 생긴 벚꽃이 밀당의 고수라도 되는가 봐요. 제 얼굴 활짝 보여 주는 때를 어느 해에는 3월 말로 정했다가도 또 이듬해에는 4월 초로 잡기도 해서 애를 먹입니다. 벚꽃이 떠들썩하게 필 '길일'을 '택일'하기가 얼마나 어려운지 몰라요. 어느 해엔가는 조급증에라도 걸렸는지 3월 중순부터 꽃망울들을 펑펑 터트리는 바람에, 느긋하게 4월 초쯤 찾아온 이들에게는 축제가 끝난 다음 날처럼 썰렁한 장면만을 보여 주고 말았습니다. 그렇다면 봄비가 촉촉이 내린 직후, 금천에 물이 적당히 찰랑이고 벚꽃이 함박웃음 짓는 바로 그때가 옥천교의 화양연화 같은 날이 아닐까요. '그날'이 참 짧고도 언제 올지 몰라 영 아쉽지만 말이죠.

문정전

무더운 날이었을 겁니다. 아마도 긴 하루였을 테고요. '그날'을 기록한 『조선왕조실록』에는 두 가지 기사가 올라와 있습니다. 첫 기사부터 보겠습니다.

> 왕세자가 시민당 월대에서 대명하였다.
> ―『영조실록』 99권, 영조 38년(1762) 윤5월 13일

'대명'은 명령을 기다린다는 뜻입니다. 아마도 세자는 자신의 처소인 시민당時敏堂 월대에 나가 무릎 꿇은 채 왕의 명령을 기다리고 있었을 겁니다. 세자는 사도, 왕은 영조입니다. 훗날 임오년의 큰 재액으로 기록된 임오화변壬午禍變이 시작하는 순간입니다.

세자가 이렇게 영조에게 용서를 바라며 무릎을 꿇은 건 이날이 처음이 아닙니다. 며칠만 거슬러 올라가도

윤5월 1일부터 날마다 무릎을 꿇고 아버지 영조의 명령을 기다렸다는 사실이 기록되어 있습니다. 현재 권력인 왕과 미래 권력인 세자의 관계가 이렇게까지 된 원인은 무엇일까요. 한두 마디로 설명하기란 어렵습니다. 단지 부자 관계의 갈등 때문으로만 해석할 수도 없고, 하루가 다르게 비행을 저질렀던 세자에게만 책임을 물을 수도 없죠.

영조에게는 맏아들 효장세자가 있었지만 어린 나이에 죽고 말았습니다. 한참을 아들을 낳지 못하다가 영조 나이 마흔이 넘어서야 사도세자가 태어났습니다. 어렵게 얻은 아들이 얼마나 소중했을까요. 영조는 언젠가 자신의 자리를 이어받을 아들을 향한 기대가 매우 컸습니다. 사도는 이런 아버지의 마음에 쏙 들 만큼 어려서부터 매우 똑똑했다고 전합니다. 하지만 부자 관계가 좋았던 시절은 오래가지 못했는데요. 아버지와 아들 사이가 조금씩 틀어지기 시작한 겁니다.

영조는 아들 교육에 집착했지만 세자는 나이가 들수록 공부를 멀리했습니다. 이런 와중에 사도가 내시와 궁녀를 죽이는 사건이 벌어졌고요. 여기에 신하들 사이의 복잡한 당쟁 구도가 왕과 세자 사이를 더욱 멀어지게 만들었죠. 결국 아들이 역모를 꾀한다고 의심한 영조는 세자에게 스스로 죽을 것을 명령합니다. 아버지와 아들의 관계보다 나라를 지키는 일이 더욱 중요했던 거죠. 그날을 기록한 두 번째 기사를 보겠습니다.

세자를 폐하여 서인을 삼고, 안에다 엄히 가두었다. (……) 임금이 세자에게 명하여 땅에 엎드려 관을 벗게 하고, 맨발로 머리를 땅에 조아리게 하고 이어서 차마 들을 수 없는 전교를 내려 자결할 것을 재촉하니, 세자가 조아린 이마에서 피가 나왔다. (……) 임금이 칼을 들고 연달아 차마 들을 수 없는 전교를 내려 동궁의 자결을 재촉하니, 세자가 자결하고자 하였는데 춘방春坊의 여러 신하들이 말렸다.

—『영조실록』 99권, 영조 38년(1762) 윤5월 13일

세자를 폐하고, 서인으로 삼고, (아마도 뒤주였을 것으로 추측하는) 안에다 엄히 가둔 그날의 장소가 바로 지금 우리가 서 있는 문정전文政殿 앞마당입니다. 이날의 다른 기록을 보면 영조의 서슬 퍼런 기세에 눌려 신하들이 말 한마디 못 꺼냈다고 합니다. 그날 문정전 주변 상황은 얼마나 살벌했을까요. 아버지 왕은, 아들 세자에게 스스로 목숨을 끊으라 재촉하고…… 이렇게 세

자를 가둔 뒤주는 지금의 선인문 앞으로 옮겨졌습니다.
그리고 세자는 8일 후 세상을 떠납니다.

사도세자가 훙서하였다.
—『영조실록』99권, 영조 38년(1762) 윤5월 21일

사도의 죽음을 묘사한 기록은 비록 단 한 문장이지
만, 그 안에 담긴 감정조차 작다고 말할 수는 없을 겁니
다. 세자가 뒤주에 갇혔던 8일, 아니 안에다 엄히 가두
기를 결정할 때까지 왕이 고민했을 그 오랜 시간. 영조
와 사도와 주변 인물들과 궁궐의 분위기가 어땠을지 가
늠하기란 매우 어렵습니다. 세자가 훙서한 날을 기록한
『조선왕조실록』의 마지막 기사 내용은 이렇습니다. 임
오화변이 끝나는 순간입니다.

임금이 이날 경희궁으로 다시 이어移御하였다.
—『영조실록』99권, 영조 38년(1762) 윤5월 21일

함인정

 빈양문賓陽門을 통과했다면 창경궁의 3분의 1쯤은 본 겁니다. 홍화문과 옥천교 주변, 명정전과 문정전, 숭문당崇文堂을 지나왔으니 말입니다. 이제 3분의 2쯤을 차지하고 있는 내전 영역과 춘당지, 대온실이 남았네요. 창경궁은 건물도 많고 면적도 넓습니다. 중간에 잠깐 편히 앉을 만한 몇 곳을 미리 알아 두면 좋을 것 같아요. 이왕이면 잠시 쉴 때도 눈앞에 근사한 풍경이 펼쳐진다면 더욱 좋겠죠?

마음 재촉하며 다음 코스로 넘어가기보다는 이쯤에서 잠깐 숨을 고르며 쉬었다 가겠습니다. 마침 정자 한 채가 보이는군요. 함인정涵仁亭입니다. '뭐 그리 급해요? 여기 잠깐 앉았다 가요!' 하며 손을 잡아끄는 듯한 정자입니다. 이럴 때는 못 이기는 척, 한 귀퉁이 차지하고 앉으면 그만입니다. 마루 위에는 '들어가지 마시오'라는 팻말이 우리를 가로막고 있지만 슬쩍 엉덩이 붙이는 것까지 뭐라 할 사람은 없습니다. 누군가는 함인정에 앉아서 보는 경치를 창경궁의 제1경으로 치더라고요. 2경은 어디이고 3경은 어디인지, 또 몇 경까지 있는지는 잘 몰라도 지금의 장면을 제일로 보는 안목에는 동감

합니다.

함인정에서 쉬어가는 김에 '한시읽기놀이'나 해 볼까요. 기둥 안쪽 사방으로 걸린 한시가 적힌 편액이 보이지요. 「귀거래사」歸去來辭로 유명한 도연명의 「사시」四時라는 시입니다.

春水滿四澤 (춘수만사택)

夏雲多奇峯 (하운다기봉)

秋月揚明輝 (추월양명휘)

冬嶺秀孤松 (동령수고송)

봄이 되었으니 연못에 물이 차고

여름의 구름은 봉우리에 걸렸다네

가을의 달은 밝은 빛으로 빛나고

겨울 고개에 외로운 소나무 서 있다

자, 시를 읽고 난 느낌이 어떤가요. 외울 필요는 전혀 없습니다. 다음에 함인정에 다시 오시면, 그리고 동행이 있다면, 여기 이렇게 도연명의 시가 적힌 편액이 있다, 봄·여름·가을·겨울을 노래한 시가 계절별 방향에 따라 동·남·서·북으로 걸려 있다는 정도만 아는 체를 해도 으쓱하겠죠. 중간중간 쉬운 한자도 섞여 있으니 동행과 함께 읊어 보는 것도 좋겠고요.

임금은 함인정에 신하들을 불러 연회를 즐겼습니다. 과거시험 합격자를 불러 술을 내리며 축하해 주기도 했다는군요. 사방으로 뻥 뚫린 정자에서 꽃으로 덮인 화계를 보며, 오랜 시간 방에 틀어박혀 공부에 몰두했던 젊은 선비들은 자신의 앞날도 눈앞의 풍경처럼 환하기를 바라지 않았을까요.

환경전

 궁궐에서도 사람이 나고 죽는 모든 과정이 일어납니다. 때로는 축복받지 못한 탄생도 있었을 테고, 가끔은 의문투성이 죽음도 있었습니다. 사도만큼 또는 그 이상 슬프게 세상을 떠난 세자가 또 한 명 있는데, 바로 소현세자입니다. 그가 안타깝게 생을 마감했던 장소인 환경전歡慶殿으로 가겠습니다. 함인정 바로 뒤에 있습니다.

소현세자의 공식 사망 원인은 학질이었지만, 아버지 인조가 독살했다는 설이 매우 유력합니다. 여러 상황이 이를 뒷받침하는데요, 소현세자가 죽었을 당시 모습을 묘사한 기록을 봐도 그렇습니다.

> 세자는 본국에 돌아온 지 얼마 안 되어 병을 얻었고 병
> 이 난 지 수일 만에 죽었는데, 온몸이 전부 검은 빛이었
> 고 이목구비의 일곱 구멍에서는 모두 선혈이 흘러나오
> 므로 (……) 얼굴빛을 분변할 수 없어서 마치 약물에 중
> 독되어 죽은 사람과 같았다.
> ─『인조실록』46권, 인조 23년(1645) 6월 27일

기록이 전하는 소현세자의 죽음은 참으로 끔찍했
습니다. 머나먼 타국에서 돌아온 지 겨우 석 달도 안 되
었을 시점입니다. 앓기 시작한 지 불과 4일 만에 겨우
34세의 젊은 세자가 죽은 거죠.

세자의 마지막이 왜 이랬는지 알려면 당시 상황을
살펴봐야 합니다. 소현세자의 아버지 인조 때는 참혹한
전쟁이 두 번이나 터졌습니다. 청나라가 침입한 정묘호
란과 병자호란이었는데요. 인조는 두 번 모두 한양을 버
리고 급히 피난을 떠났죠. 특히 병자호란 때는 남한산성
으로 도망가 47일 동안 농성籠城하다 청나라의 공격과
추위를 견디지 못하고 결국 항복하고 말았습니다. 이때
인조는 청나라 황제에게 세 번 무릎 꿇고, 그때마다 다

시 세 번 절하며 이마를 땅에 찧는 '삼전도의 굴욕'을 겪었죠.

승전국 청나라는 돌아가면서 수많은 조선인을 끌고 갔는데, 이때 인조의 두 아들 소현세자와 봉림대군도 볼모로 데려갔습니다. 비록 패전국의 인질로 잡혀갔지만 소현세자는 청나라에서 지내던 기간을 허송세월하지 않았어요. 청나라 주요 인사들과 친분을 쌓고 새로운 문물을 배웠죠. 함께 잡혀온 포로를 구하고자 애도 많이 썼고요. 청나라 입장에서도 명나라와 대립하던 상황에서 조선의 도움이 필요했기 때문에 세자를 이용할 필요가 있었습니다.

어쩔 수 없이 청나라로 가게 된 상황에서도 소현세자는 조선의 외교관 역할을 톡톡히 한 겁니다. 그러다가 드디어 8년 만에 조선으로 돌아왔습니다. 기다리던 귀국이었지만 어찌 된 일인지 인조는 아들을 반기지 않았습니다. 자신에게 치욕을 안긴 청나라에 가서 그 나라의 문화를 적극 배우고 온 소현세자가 괘씸했던 겁니다.

소현세자도 처음 끌려갔을 때는 청나라에 대한 감정이 좋을 리 없었죠. 그런데 실제 청나라에 가서 보니 군사와 문화, 과학 등 모든 면에서 조선이 배울 점이 많았던 겁니다. 소현세자는 훗날 조선의 왕이 되어서 청나라의 선진 문물을 들여오리라고 마음먹었을 겁니다. 하지만 인조와 신하들은 자신들에게 패배를 경험케 한 청나라에 대한 감정이 무척 좋지 않았죠. 또한 인조는 청나라가 자신을 물러나게 하고 세자를 왕위에 앉히려 한다고 의심한 나머지 소현세자를 아들이 아닌 정치적 경쟁자로 보기 시작했습니다.

인조가 세자를 죽였다는 사실을 증명할 기록은 없습니다. 다만 소현세자가 죽었을 당시의 여러 정황이 인조의 독살설을 뒷받침합니다. 우선 인조의 후궁 조소용의 행동에 주목해 보지요. 세자가 왕위를 넘본다고 인조에게 모함한 인물입니다.

조소용은 전일부터 세자 및 세자빈과 본디 서로 좋지 않았던 터라, (⋯⋯) 세자 내외에게 죄악을 얽어 만들어서, 저주를 했다느니 대역부도의 행위를 했다느니 하는 말로 빈궁을 무함하였다.
―『인조실록』 46권, 인조 23년(1645) 6월 27일

세자의 병을 치료하던 의원 이형익 또한 조소용의 처가에 드나들던 자인데요, 세자의 죽음에 의심스러운 면이 많은데도 이형익은 아무런 벌을 받지 않았습니다.

제대로 조사도 하지 않은 채 세자가 죽자 장례도 서둘러 마쳤고요.

안타까운 일은 소현세자로 끝이 아니었습니다. 인조는 자신이 먹을 전복구이에 며느리 세자빈이 독을 탔다는 누명을 씌웠습니다. 아래 기록에 나오는 '상'은 인조, '강빈'이 소현세자빈입니다.

> 상이 전복구이를 드시다가 독이 있자, 강빈을 의심하여 그 궁인과 어주御廚 나인을 하옥시켜 심문한 것이다.
> —『인조실록』 47권, 인조 24년(1646) 1월 3일

『인조실록』에는 인조가 며느리를 죽이기로 결심하자 신하들이 왕을 말리는 장면이 여러 차례 나옵니다. 심지어 신하들의 만류를 듣고 인조가 '번거롭다'고 답하는 기록도 있어요.

> "삼가 바라건대, 다시 깊이 생각해 보시고 사사賜死하라는 분부를 도로 거두소서."
> 하니, 상이 답하기를, "번거롭게 하지 말라" 하였다.
> —『인조실록』 47권, 인조 24년(1646) 2월 23일

결국 소현세자빈은 시아버지 인조가 내린 독약을 마시고 죽고 맙니다. 다음 기록은 세자빈의 시신이 궁궐에서 나갈 때 모습입니다.

> 의금부 도사 오이규吳以奎가 덮개가 있는 검은 가마로 강씨를 싣고 선인문을 통해 나가니, 길 곁에서 바라보는 이들이 담장처럼 둘러 섰고 남녀 노소가 분주히 오가며 한탄하였다.
> ―『인조실록』 47권, 인조 24년(1646) 3월 15일

소현세자의 아들들과 세자빈의 친정 사람들까지도 모두 죽거나 유배를 갔습니다. 당시 기록을 따라가다 보면, 인조는 소현세자와 세자빈을 정치적 경쟁자 정도가 아니라 정적政敵으로까지 여겼던 것만 같군요.

경춘전

환경전 옆으로 비슷하게 생긴 건물이 한 채 있습니다. 경춘전景春殿입니다. 소현세자만큼이나 안타깝게 세상을 떠난 또 한 명의 세자, '사도'의 이야기가 남은 곳인데요. 뒤주에 갇혔던 문정전이 사도에게 비극적인 장소

였다면, 경춘전은 한때나마 행복했던 곳이 될 겁니다.

　사도세자와 경춘전 이야기를 하려면 영화『사도』의 한 장면부터 소개해야겠습니다. 주인공 사도(유아인 분)가 무슨 기분 좋은 일이 있는지 그림 한 장을 들고 뛰어옵니다. 꿈에 본 흑룡을 직접 그린 겁니다. 아내 세자빈의 출산을 앞두고 자신이 태몽을 꾼 거죠. 얼마나 기뻤을까요.

　아이를 낳고 보니, 과연 아들이었어요. 이 아이의 이름은 이산, 훗날의 정조입니다. 이때 세자빈이 이산을 낳은 장소가 바로 경춘전입니다. 사도가 경춘전으로 뛰어왔다는 에피소드는 영화에 나오는 픽션이겠지만, 꿈에서 본 흑룡을 직접 그렸다는 건 사실입니다. 기록을 찾아보면 이 그림을 경춘전 동쪽 벽에 붙였다고 하는데 현재는 전하지 않습니다. 어떤 그림이었는지, 지금까지 남아 있었다면 틀림없이 대단한 보물이 되었겠죠.

　아들의 탄생을 기다리는 마음이 간절해 직접 태몽까지 꿨던 세자, 나중에 잊을까 싶어 꿈에서 본 장면을 직접 그려 아들이 태어난 건물 벽에 붙인 따뜻한 부정. 그해의 사도는 세상 누구보다 행복했을 게 분명합니다. 하지만 꼭 10년 만에 사도는 아버지 영조의 명을 받고 뒤주에 스스로 들어가 8일 만에 세상을 뜹니다.

이때의 일을 알아 갈수록 저는 의문이 듭니다. 아들에게 자결을 명령한 영조, 아버지에게 죽임을 당한 세자, 어린 나이에 할아버지가 아버지를 죽이는 장면을 목격하고 죄인의 아들로 성장해야 했던 정조. 이들 중 과연 누가 가장 불행했을까요.

통명전, 열천, 연지

 왕실 사람들은 확실히 물을 좋아했나 봅니다. 흐르거나 고인 물을 늘 곁에 두고, 보고, 즐긴 흔적이 궁궐 곳곳에 있거든요. 저는 창경궁 열천洌泉을 볼 때마다 궁금해집니다. 저기 통명전通明殿 문을 활짝 열면 열천에서 흘러나오는 물을 바로 볼 수 있는지. 문을 닫고 방 안에 들어앉아 있어도 물 흐르는 소리가 잘 들리는지 말이죠. 여행 가서 숙소 잠자리에 누워 밤에 계곡물 흐르는 소리를 들었던 기억이 한 번쯤 있잖아요. 바다 여행을 가서 파도 소리가 들리는 방에 머물기도 하고요. 아무래도 열천을 흐르게 한 이도 통명전의 주인에게 이런 경험을 선물하고 싶었던 게 아닐까 싶어요.

사계절 차고 맑은 물이 마르지 않는다고 해서 열천

이라고 불렀다고 해요. 그렇다면 열천이 언급된 기록을 함께 보겠습니다.

> 임금이 말하기를, "통명전 곁에 샘이 있는데, 이름을 열천이라고 부르도록 하라" 하고……
> ─『영조실록』89권, 영조 33년(1757) 5월 29일

통명전은 왕비가 머물던 건물입니다. 선왕의 왕비인 대비가 쓰기도 했고요. 왕실의 여성 어른들을 위해 세운 처음 목적답게 흐르는 열천의 물소리를 들으며 갑갑했을 궁궐 생활에 위안을 삼으라는 뜻이 담긴 듯해요.

열천에서 샘솟는 물은 흐르고 흘러 서쪽 연지蓮池로 모입니다. 열천은 돌에 홈을 파 만들었습니다. 연지까지 이어지는 물길도 돌을 깎은 것이고요. 언뜻 봐도 돌을 조각한 솜씨가 대단합니다. 행여 왕비가 발이라도 헛디딜까 싶어 연지 주변에 설치한 돌난간은 또 어떻고요. 궁궐 건축에 동원되었을 석공들에게는 장인이란 훈장을 달아 줘야겠어요.

이름에는 샘물과 연못의 의미가 담겨 있지만, 열천과 연지 또한 옥천교 아래처럼 물이 항상 시원하게 흐르지는 않습니다. 다만 비 오는 날엔 제법 물이 보이는

데요, 그렇다면 일부러 비 오는 날을 골라 창경궁에 들러 꼭 봐야 할 포인트가 옥천교 말고도 한 곳 늘어난 셈이네요. 통명전 월대는 잔치 무대로도 쓰였다는데, 흥을 돋웠을 그날의 행사 음악과 열천의 물소리가 어떻게 어우러졌을지 무척 궁금해집니다.

대온실

통명전을 뒤로 두고 창경궁 안쪽에서도 더 깊숙한 안쪽까지 들어가 보겠습니다. 널찍한 연못 춘당지를 지나치면, 철기둥과 목재를 반듯하게 세우고 벽면에는 유리를 입힌 온실이 나오네요. 궁궐을 걷다가 근대식 건물이나 장식을 만나는 게 이상한 일만은 아닙니다. 덕수궁과 창덕궁에만 가도 화려하게 디자인한 서양식 건축물과 금방이라도 불을 밝힐 듯한 샹들리에를 볼 수 있으니까요. 그렇긴 해도 이렇게 궁궐에서 온실을 보다니 신기합니다. 온실이 지어진 사연을 알면 좀 씁쓸해지기는 하지만 말이죠.

일본은 대한제국을 손아귀에 넣으면서 궁궐을 하나하나 훼손하기 시작했습니다. 궁궐마다 파괴하는 방법도 다양했는데, 창경궁은 어이없게도 공원으로 만들어 버렸죠. 한 나라의 엄연한 정치 공간이자 왕실의 사적 영역인 궁궐을 누구나 마음대로 들어와 여가를 즐길 수 있는 공원으로 만들면서 조선왕조를 부정하는 효과를 노린 겁니다. 대온실도 이때 지었는데요. 1909년 문을 열자마자 큰 인기를 모았습니다. 지금처럼 크고 화려한 온실이 없던 시절에 창경궁 대온실은 분명 대단한 구경거리였을 겁니다.

지금 눈으로 봐도 대온실은 그럴듯한 건물입니다. 대단한 규모는 아니어도 실내에 자라는 온갖 종류의 식물을 자세히 들여다보는 재미도 있고, 썰렁한 계절에 창경궁 이곳저곳을 걷다 온실에 발을 들여놓는 순간 몸을 감싸는 훈훈한 기운은 고맙기만 합니다. 온실 주변에서 나른한 표정으로 어슬렁거리는 길고양이들도 퍽 반갑고요. 우리에게는 얼음처럼 차갑던 시절을 떠올리게 하는 장소가 사계절 따뜻한 온실이라는 사실에 기분이 묘해지는군요.

선인문

창경궁 산책을 마무리하기 전, 마지막으로 한 곳을 더 들러 보려고 합니다. 홍화문에서 남쪽으로 이어진 담장에 있는 선인문宣仁門입니다. 삶과 죽음에 대해 얘기하기에 좋은 장소죠.

궁궐에는 사람의 출생부터 죽음에 이르기까지 필요한 모든 시설이 갖춰져 있습니다. 왕비가 회임하면 출산을 돕기 위해 산실청産室廳이라는 임시 기관을 설치하고, 왕실 가족이 세상을 뜨면 시신을 모시는 빈전殯殿과 장례를 마친 후 신주를 보관하는 혼전魂殿을 마련합니다. 건물을 따로 짓는 것은 아니고, 국장 기간 중에만 기존 건물을 잠시 이용하는 겁니다.

왕이나 왕비의 장례 행렬은 당연히 궁궐의 정문으로 나갔습니다. 창경궁에서는 홍화문인데요. 생전에 살았던 궁궐과 영영 이별하는 이 의식은 왕실 가족만이 누릴 수 있는 특권이라 하겠습니다. 그런데 이 특별한 권리를 누리지 못한 사람이 있어요. 장희빈입니다.

장희빈은 조선시대에 유명한 왕비를 꼽자면 몇 손가락 안에 드는 인물입니다. 궁녀 출신으로 한때는 숙종의 왕비 자리까지 올랐지만 인현왕후를 저주한 사건이 드러나 죽임을 당했죠. 인현왕후의 침전인 통명전 주변에 흉물을 심었다고 전해집니다. 전직 왕비였지만, 죽을 당시에는 죄인의 신분이었어요. 시신이 정문을 통과할 자격을 잃은 겁니다. 장희빈의 시신이 나간 문이 바로

여기 선인문입니다. 크고 화려한 홍화문과 비교하면 쪽
문이라고 할 만큼 작은 문이죠.

3

{ 창경궁 역사노트 :

   놀이터로 전락했던 조선의 세 번째 궁궐 }

창경궁을 짓기 전, 수강궁壽康宮이라는 공간이 있었습니다. 태종 이야기로 시작하겠습니다. 태종은 생전에 미리 왕위를 아들에게 물려줬습니다. 이렇게 권력을 넘겨받은 왕이 바로 세종대왕입니다. 세종은 업적뿐 아니라 효심이 깊은 왕으로도 유명하죠. 임금 자리에서 물러난 아버지 태종이 편히 지내실 곳을 따로 마련했는데, 그곳이 수강궁입니다. 태종은 이곳에서 머물다 4년 후 세상을 떠났습니다.

수강궁이 지금처럼 궁궐로 자리를 잡은 시기는 1484년(성종 15년)입니다. 당시 왕실의 어른인 정희왕후(세조의 비), 소혜왕후(성종의 친아버지 덕종의 비), 안순왕후

(예종의 비) 세 분의 대비가 머물 곳이 필요했는데, 이때 수강궁을 수리하고 확장해 창경궁을 지었던 거죠. 그러고 보니 태종은 창덕궁과 더불어 창경궁 건립에도 직간접적으로 관여를 했군요.

이렇게 지은 창경궁에는 몇 가지 특징이 있습니다. 첫째, 다른 궁궐들은 남쪽을 바라보고 있지만 창경궁은 주요 건물들을 동쪽을 향하도록 배치했다는 점입니다. 다만 침전만은 남향입니다.

둘째, 현재 남은 궁궐의 법전 중 가장 오래된 곳이 창경궁의 명정전입니다. 명정전은 규모로만 따지면 근정전(경복궁)과 인정전(창덕궁)보다 작지만, 임진왜란이 끝나고 광해군이 지은 건물이 지금까지 남아 있다는 점에서 매우 중요합니다. 광해군 이후에도 여러 차례 화재가 발생했지만 명정전은 용케 살아남았는데요. 400여 년 전의 건축 특징을 확인할 수 있는 중요한 건물이죠.

셋째, 옥천교와 명정문 사이에 있어야 할 문이 없는 이문二門 형태를 띱니다. 조선시대 궁궐은 대개 삼문三門 형태로 지었습니다. 경복궁은 광화문, 홍례문興禮門, 근정문勤政門을 통과해야 궁궐의 핵심인 근정전에 다다르죠. 창덕궁도 마찬가지로 돈화문, 진선문進善門, 인정문仁政門을 지나서야 인정전에 도착하고요. 그런데 창경궁

116

에는 경복궁의 홍례문, 창덕궁의 진선문에 해당하는 중
문이 없어요. 홍화문 앞에 언덕이 있어(지금 이 언덕에
는 서울대학교병원이 있습니다) 경복궁이나 창덕궁처
럼 세 개의 문을 잇따라 세울 자리를 확보하기 어려워
문 두 개만 세운 게 아닐까 추측합니다.

창경궁에 찾아온 첫 시련은 전쟁이었습니다. 임진
왜란이 터지면서 경복궁, 창덕궁과 함께 창경궁도 잿더
미가 되었거든요. 전쟁으로 훼손된 창경궁과 창덕궁 복
원은 광해군 때 이뤄집니다.

창경궁은 이후에도 여러 차례 위기를 겪습니다. 주
로 화재 때문이었는데요. 인조 집권 직후인 1624년 이
괄의 난이 일어나 창경궁과 창덕궁이 불타 버립니다. 이
때 인조는 광해군이 지어 놓고도 들어가 살지 못했던 경
덕궁(지금의 경희궁)으로 옮겨 9년을 머물렀습니다. 창경
궁은 인조 11년인 1633년에야 다시 수리했고요.

시간이 흘러 1830년(순조 30년)에도 큰불이 나 1833
년에 가서 환경전, 통명전, 숭문당, 함인정, 양화당, 경
춘전 등을 중건했습니다. 지금 우리가 보는 창경궁 건물
대부분이 이때 지은 겁니다.

일제강점기에는 일본이 궁궐을 놀이터로 전락시켜
조선 왕실의 권위를 땅에 떨어뜨렸습니다. 1907년 고

종 황제를 강제로 물러나게 하고 그 자리에 순종을 앉힌 일본은 창경궁을 본격 훼손하기 시작했죠. 아버지와 아들을 떼어 놓기 위해 고종은 덕수궁에, 순종은 창덕궁에 머물게 했고요. 순종을 위한다는 명분을 내세워 1909년 창경궁에 동물원과 식물원, 박물관 등을 만들었습니다.

급기야 1911년에는 이름까지 창경원昌慶苑으로 바꿔 버립니다. 왕이 살던 '궁'宮을 한순간 놀이 공간인 '원'苑으로 공간의 지위를 추락시킨 겁니다. 궁궐을 망가뜨리는 일본의 계획은 이후에도 착착 진행되었습니다. 1912년에는 창경궁에서 종묘로 넘어가는 길을 끊어 버렸고요, 궁궐 전체에 일본 꽃으로 알려진 벚나무 수천 그루를 심었습니다. 1924년부터는 야간 관람을 시작했는데요. 이때부터 유행한 '창경원 밤 벚꽃놀이'는 창경궁 복원 공사가 시작하는 1980년대 초반까지 이어졌습니다. 1970~1980년대 초반에 학창 시절을 보낸 분이라면 궁궐로 복원하기 전이었던 창경원으로 소풍을 갔던 추억을 지닌 분이 꽤 있을 겁니다.

지금처럼 창경궁으로 돌아온 것은 1986년입니다. 궁궐로 복원하면서 동물원에 있던 동물들은 과천 서울대공원으로 갔고, 벚나무는 어린이대공원과 여의도에 옮겨 심었습니다. 여의도에 벚꽃이 많은 이유를 이제 아시겠죠? 대온실만이 춘당지 뒤편에 남아 있습니다.

IV

덕수궁, 근대의 역사로 여행하는 산책길

1
전통에서 현대로 건너오는
근대라는 이름의 징검다리

국립현대미술관 덕수궁관 관람을 마치고 나왔을 때입니다. 미술관 문 앞에서 바로 내려오지 않고 계단과 분수대, 멀리 중화전 주변까지 차근차근 짚어 가면서 보니 시간이 참 느긋하게 흐른다는 느낌이 들었어요. 그곳에 있는 사람들 모두 우아하게 여유를 즐기고 있더군요. 덕수궁德壽宮에서 봤던 가장 평화로운 풍경이었습니다.

덕수궁에는 조선과 대한제국의 흔적이 진하게 묻어 있습니다. 전통 방식대로 지어 올린 한옥과 로마 어디쯤 서 있을 법한 신전 모양 건축물이 공존하는 궁궐이죠. 어찌 보면 이질적이고, 다시 보면 독특한 조화가 흐르는 궁궐이 덕수궁입니다.

그렇다고 이 집의 이력에 영광만 존재한다고 할 수는 없을 거예요. 조선의 끝과 대한제국의 시작이 덕수궁에서 이뤄졌는데요. 이 시기에 남은 상처가 얼마나 크고 깊은지 우리는 잘 압니다. 지금도 완전히 극복하지 못한 상태이고, 이때 생긴 흉터를 똑바로 봐야 하는 순간이 아무 때고 찾아오죠. 이런 이유로 저는 미술관 앞에서 본 그날의 평온함이 새삼 감사합니다.

넓이로만 따지면 경복궁이나 창덕궁에 비해 볼 곳이 많겠나 싶지만, 덕수궁에는 다채로운 양식의 건물과 숨겨진 보물 같은 장소가 촘촘히 모여 있습니다. 규모를 앞세우기보다는 탄탄한 콘텐츠를 갖췄다고 할까요. 흔치 않게도 궁 안에 자리한 국립현대미술관에 들러 전시를 관람할 수도 있고, 대한제국역사관에서는 화려한 대한제국 황실의 내밀한 모습도 볼 수 있습니다. 평성문平成門으로 빠져나가면 중명전重明殿과 구 러시아공사관까지 산책길이 이어지는데요. 그렇다면 덕수궁 영역은 다른 궁궐에 비해 결코 작다고 할 수 없겠네요.

전쟁 통에 왕의 임시 거처로 시작한 집. 한동안 사라졌다가 요란한 근대사의 주요 무대로 컴백한 궁궐. 역동의 현대사에서도 굵게 기록된 덕수궁. 이제 문을 열고 함께 걸어 보겠습니다.

2
{ 덕수궁, 이렇게 걸어 보세요 }

◎   대한문 → 금천교 지나 중화문 앞까지 → 중화문 앞 공원 → 중화전 →

준명당 → 석어당 살구나무 → 유현문 → 정관헌 → 궐내각사터 작은 숲

대한문

 많은 분이 대한문大漢門을 덕수궁의 정문
으로 알고 계시지만, 사실은 아닙니다. 궁
궐의 정문은 보통 남쪽에 두는데요(동쪽
에 정문을 둔 창경궁 홍화문과 경희궁 홍화문은 예외입
니다. 홍화문은 원래 지금의 구세군회관 앞에서 동쪽을
바라보고 있었어요), 덕수궁의 정문도 남쪽에 자리한
인화문仁化門이었죠. 을미사변 후 러시아공사관으로 피
신해 있던 고종이 덕수궁(당시 경운궁)으로 거처를 옮길
때 들어온 문도 인화문이었고요.

그런데 예전부터 인화문보다 대한문을 더 많이 사용했습니다. 인화문 앞으로 언덕이 있어 길을 확장하기 어렵다 보니 자연스럽게 대한문이 덕수궁의 정문 역할을 한 거죠. 고종의 국장 행렬도 인화문이 아니라 대한문으로 나갔습니다. 한때 대한문은 도로 한가운데 섬처럼 외따로 있기도 했어요. 지금의 경복궁 동십자각 같은 모습이랄까요. 궁궐의 문을 도로 가운데 방치하는 게 모양도 안 좋고, 그렇다고 도로를 없애기도 어려워 지금의 위치로 물러나게 되었죠.

대한문 이름에 대한 오해도 설명하겠습니다. 대한문의 원래 이름은 대안문大安門이었는데요. 1904년 경운궁에 큰 화재가 나 2년 후인 1906년에 수리, 보강하면서 대한문으로 바꿨습니다. 고종이 선포한 대한제국大韓帝國과 음을 같게 하려고 문 이름을 바꿨다는 설도 있지만 사실이 아닙니다. 한자만 봐도 다르다는 걸 알 수 있어요. 문 이름을 바꾼 이유는 1906년에 쓴 대한문 상량문에서 잘 설명하고 있는데요. 하늘을 뜻하는 한漢자를 넣어 문 이름에 '하늘을 바라본다'는 뜻을 담은 거죠. 이제 큰 하늘로 통하는 문을 지나 덕수궁으로 들어가겠습니다.

금천교 지나 중화문 앞까지

대한문으로 들어서면 바로 금천교가 나오고, 이 다리를 건너면 양옆으로 나무가 늘어선 길이 중화문中和門 앞까지 이어집니다. 150미터 남짓한 짧은 길이지만, 이 길을 걸을 때면 잠깐이나마 숲길을 걷는 듯 기분이 좋아집니다.

잠깐 귀 기울여 볼까요. 조금 전까지 대한문 앞에서 들리던 자동차 소음이 금천교만 건너도 일시에 사라집니다. 처음 덕수궁에 왔을 때, 대한문 앞 소음이 쏙 잦아들어 신기해한 적이 있어요. 방음벽이 있는 것도 아닌데 말이에요. 시끄러운 소리를 한순간에 빨아들이는 무언가라도 있나 싶어 주변을 두리번거렸죠. 그 무언가는 바로 나무였어요. 무성한 나뭇가지와 나뭇잎이 담장 바깥에서 넘실대며 건너오려는 소음을 막아 주는 방패막이였습니다.

저의 눈길에도 아랑곳없이, 나무줄기와 이파리는 바람에 흔들흔들 춤을 추고 있었어요. 나뭇가지가 팔을 뻗어 시원한 그늘까지 만들어 주니, 이 정도면 충분히 기특한 나무라 해도 되겠더라고요. 나무가 달리 보이기 시작한 순간이었습니다. 궁궐에 오면 건물만 보던 저의 좁은 시야가 나무의 이파리보다 넓어지고, 나무의 뿌리만큼 깊어진 느낌이었습니다.

그 뒤로는 이 짧은 길도 달리 보였습니다. 실은 금천교에서 중화문 앞까지는 딱히 문화재가 없는데요. 그냥 나무가 쭉 이어진 길일 뿐이에요. 대신 나무가 만들어 주는 특별한 고요함이 있으니 함께 느끼며 걸어보죠.

중화문 앞 공원

 나무들과의 산책은 일단 여기까지입니다. 제가 '일단'이라는 단서를 단 이유는 아쉬움 때문인데요. 길이 짧다 보니 이대로 중화전 앞마당으로 들어가는 게 뭔가 만족스럽지 못해서예요. 그렇다면 중화문 앞을 잠깐 서성거려 볼까요. 멋진 소나무 두 그루가 서 있고요, 맞은편에는 편히 앉아 중화전을 바라볼 수 있는 벤치도 여러 개 있습니다.

오르막길이 보이는 쪽으로 가 보겠습니다. 작은 공원으로 쏙 들어가는 길이에요. 덕수궁은 경복궁과 창덕궁에 비해 면적이 좁지만, 이렇게 숨은 공간을 찾는 재미가 있어요. 여기 아담하게 만들어 둔 공원은 덕수궁

이곳저곳을 두루 살피기에 좋은 곳입니다. 숨바꼭질 할 때 몸을 숨길 은신처 같기도 해요. 나무 뒤에 숨거나 벤치 뒤에 웅크리고 저쪽 중화전 앞마당이나 석조전 기둥 사이를 뛰어다닐 술래를 조마조마한 마음으로 지켜보면 딱 좋겠어요.

이제 주변을 살펴보겠습니다. 크고 작은 석재가 여럿 보이네요. 건축 자재로 쓰였던 돌들입니다. 운교雲橋 흔적도 볼 수 있는데요. 운교는 덕수궁 담장 너머에 있던 탁지부度支部(재정 담당 관청)와 연결되어 있던 구름다리입니다.

벤치 주위에는 제법 묵직해 보이는 돌들이 저마다 서거나 누운 자세로 햇살을 받고 있어요. 가만 보니 쓰임을 다한 돌들이 소박한 숲에 들어와 쉬고 있는 것 같습니다. 행여나 돌들의 휴식에 방해가 될까 싶어 절로 말수가 줄어듭니다.

중화문 앞까지 온 관람객은 대부분 바로 중화전으로 들어가거나 석조전 방향으로 가는데, 이 아담한 숲에서 잠시 숨을 골라 보는 건 어떨까요. 왼쪽에서부터 오른쪽으로 찬찬히 시선을 옮기면 망원렌즈와 광각렌즈를 동시에 눈에 낀 것처럼 덕수궁을 샅샅이 살필 수 있거든요.

중화전

 잠깐 몸을 숨겼던 작은 공원에서 나와 중화전中和殿으로 가 보겠습니다. 중화전은 덕수궁의 대표 건물입니다. 동시에 나라의 운명이 기울어 간다는 사실을 상징하는 사건이 벌어진 장소이기도 하죠. 경복궁에서 시작한 조선이라는 드라마는 덕수궁에서 끝을 향하고 있었습니다. 물론 500년 역사의 마지막 에피소드는 창덕궁에서 마무리했지만요.

오랫동안 비어 있던 덕수궁의 문을 다시 연 왕은 고종입니다. 당시 나라 상황은 암담하기만 했습니다. 고종은 을미사변 후 러시아공사관에 피신해 있었습니다. 다시 궁궐로 돌아오려 했지만 경복궁은 엄두가 나지 않았어요. 그래서 러시아공사관 가까이 있는 덕수궁을 정비해서 들어왔지요. 한 나라의 임금이 궁궐이 아닌 외국공사관에 1년여를 머물러야 했을 만큼 조선의 운명이 다해 갈 때였습니다.

1897년 덕수궁으로 환궁한 고종은 대한제국을 선포합니다. 꺼져 가는 불씨를 되살리려는 노력이었겠지만, 조선이라는 나라는 이미 잔불마저 사라지고 하얀 재가 되어 가던 상황이었어요. 1905년 을사늑약으로 외교권마저 빼앗기자 고종은 1907년 네덜란드 헤이그에서 열린 만국평화회의에 특사를 파견해 을사늑약의 부당함을 국제사회에 알리려 했지만, 실패하고 말았습니다.

훗날 '헤이그특사사건'으로 불리는 이때의 일은 안 그래도 고종을 몰아낼 궁리만 하던 일본에게 좋은 빌미가 되었어요. 일본은 고종에게 황제 자리에서 내려오라고 노골적으로 요구했습니다. 고종은 완강히 거부했지만, 경운궁 밖에 일본군이 포진하자 한양 백성들의 안전을 장담할 수가 없어 결국 황제 자리에서 내려오게 됩니다.

이때 양위식이 열렸던 장소가 중화전 앞마당입니다. 그런데 이 양위식이 참 이상한 모습으로 진행되었습니다. 황제에서 물러나는 고종이나, 새로 황제가 되는 순종 모두 중화전 앞마당에 나타나지 않았어요. 대신 고종과 순종이 앉을 자리에는 어이없게도 내관 두 명이 있었습니다. 일종의 대역들이 황제 지위를 주고받고, 신하들은 이들에게 예를 올렸지요. 굴욕적인 양위식 후 3년이 지나 대한제국의 시간도 끝이 났습니다.

준명당

중화전 등 뒤로 가 보겠습니다. 언뜻 쌍둥이처럼 꼭 닮은 건물 두 채가 보입니다. 왼쪽은 준명당浚明堂, 오른쪽은 즉조당卽阼堂입니다. 두 건물이 복도로 연결되어 있군요. 우리는 왼쪽 건물로 가죠.

경운궁에서 즉위한 광해군이 창덕궁으로 옮겨 가자 이 궁궐은 조선 역사에서 잠시 퇴장했습니다. 그리고 고종 때 다시 등장했어요. 서양 문화가 한창 들어오던 시기라 덕수궁에는 근대 문물의 흔적이 많이 남아 있습니다. 그중 하나가 준명당에서 운영했던 우리 역사 최초의 유치원입니다. 냉혹한 정치와 엄한 예법의 공간으로만 여겼던 궁궐에 아이들이 뛰노는 유치원이 있었다니, 흥미롭지요?

고종이 일본에 의해 강제 퇴임하고 전직 황제 신분으로 지내던 때입니다. 외로운 생활을 하던 고종에게 기쁜 소식이 날아들었습니다. 1912년 막내딸 덕혜가 태어난 거죠. 환갑의 나이에 얻은 늦둥이였으니 오죽 예뻤을까요. 우울한 나날을 보내고 있었을 고종에게 딸은 거의 유일한 즐거움이었을 겁니다. 고종은 어린 딸을 위해 무엇을 해 줄까 고민하다 유치원을 설치하기로 결심했는데요. 유치원 자리는 자신이 업무 공간으로 쓰던 준명당으로 정했습니다. 고종이 언제든 딸을 보러 갈 수 있는 곳이었어요.

딸을 위한 배려는 여기서 그치지 않았습니다. 덕혜가 또래 친구들과 어울리도록 이 유치원에 신하들의 자녀 몇 명도 함께 다니게 했고요, 아이들을 돌보는 보모는 조선인과 일본인으로 뽑았습니다. 오늘날로 치면 '로열패밀리 스쿨'쯤 되겠네요.

> 덕수궁 안에 유치원을 설치하여 복녕당의 아기씨를 교육할 것을 명하였다. 이어 교구치 사다코와 장옥식을 보모로 촉탁하였다.
> ─『순종실록』부록 7권, 순종 9년(1916) 4월 1일

고종은 유치원을 종종 찾았습니다. 원생들에게 줄 학용품도 챙겨 갔지요. 아버지가 딸을 보러 유치원에 갔던 날의 기록을 한번 볼까요. 다음에 나오는 '태왕 전하'가 바로 고종입니다.

> 태왕 전하가 준명당에 임어하여 유치원의 학도를 소견하고 필묵을 하사하였다.

—『순종실록』부록 7권, 순종 9년(1916) 5월 8일

지금도 준명당에는 유치원의 흔적이 남아 있습니다. 준명당 바로 앞 돌바닥에 동그란 홈이 여러 개 패여 있는데요, 바로 아이들의 안전을 위해 설치한 난간이 박혀 있던 자국입니다.

석어당 살구나무

다음으로는 제가 덕수궁에서 가장 아름다운 풍경으로 자신 있게 추천하는 장소로 가겠습니다. 석어당昔御堂입니다. 정확히는 석어당과 바로 앞에 있는 살구나무를 함께 볼 때의 경치입니다. 석어당과 덕홍전德弘殿 사이를 가르는 담장을 경계로 이쪽에서 봐도, 저쪽에서 봐도 근사합니다. 조금 떨어져 중화전 옆면과 융안문隆安門 사이에서 석어당과 살구나무를 함께 봐도 참 멋지고요.

석어당도 건청궁(경복궁)과 연경당(창덕궁) 같은 나무색 건물입니다. 단청을 입히지 않은 채 자재로 쓴 나무의 색깔을 그대로 내보이고 있죠. 그런데 오히려 화려한 색을 뽐내는 주변 건물들보다 훨씬 돋보입니다.

사실 석어당만 있었다면 좀 외로웠을지도 몰라요.
마당 한쪽에 자라고 있는 살구나무가 없었다면 말이죠.
건물의 단순한 색채를 보완하려는 목적이었다면 화려
한 색으로 피는 꽃밭을 만들었을 수도 있었을 텐데 그렇
게 하지 않았어요. 나무를, 그것도 딱 한 그루만 심어 조
경의 미학을 발휘했습니다. 결국 석어당과 나무는 덕흥
전 옆이든, 중화전과 융안문 사이든, 보는 위치에 따라
다른 얼굴을 보여 주네요. 그렇다면 석어당의 아름다움
은 살구나무에서 비로소 완성되었다고 해야겠어요.

　꽃이란 몇 개월 만에라도 그 결과를 확인할 수 있지
만, 나무는 제법 넉넉한 그늘 몇 평을 우리에게 만들어
주기까지 꽤 오랜 시간이 걸립니다. 그렇다면 이 나무
는 과거의 석어당을 지은 건축가와 살구나무를 심은 조
경사가 오늘의 우리에게 보내는 선물이 아닐까 해요. 그
러고 보니, 그때의 건축가와 조경사는 지금 우리가 보는
장면을 보지 못했겠군요.

　석어당 살구나무는 해마다 봄이 되면 머리에 꽃을
가득 얹고 주변을 환히 비춥니다. 분홍색과 흰색의 중간
어디쯤에 있는 신비로운 빛깔의 꽃이 나무를 덮고, 또
덮는단 말이죠. 석어당에 색을 입혔다면 아마 살구꽃 색
깔을 심술궂게 방해하지 않았을까요.

석어당은 2층 건물입니다. 궁궐 건물은 대개 단층으로 짓는데 보기 드문 경우죠. 건물이 앉은 땅도 높아 덕흥전과 융안문 주변에서 석어당을 바라보면 더욱 높게 보입니다. 석어당 바로 앞에서 안을 들여다보면 2층으로 오르는 계단이 보입니다. 누마루로 만든 2층에는 사방으로 창을 냈다고 해요. 올라가 보고 싶은 마음 간절하지만 석어당은 개방하지 않는 공간입니다. 한 번쯤 올라가 창문을 모두 열고 동서남북으로 트인 장면을 눈에 담아보고 싶어요. 거기서 보는 살구나무는 또 어떤 표정을 짓고 있을지, 건축가와 조경사가 의도한 석어당 2층에서 본 풍경은 어떨지 무척 궁금합니다.

유현문

당연한 얘기지만, 궁궐에는 문이 참 많습니다. 담장을 따라 트인 문은 물론, 궁궐 안에도 건물 하나에 문이 여러 개 딸려 있어요. 모든 문의 이름과 위치를 외우기란 불가능할 정도죠.

문은 기본적으로 사람이 드나드는 통로 구실을 하는데, 궁궐에서만큼은 중요한 역할이 하나 더 있습니다. 저쪽 풍경을 내다보는 창이 되기도 하죠. 작은 문이라도 몇 걸음 옮겨 통과하는 것만으로 이쪽에서 봤을 때와 저쪽에서 봤을 때의 장면이 확연히 다르다는 사실을 알 수 있습니다.

이때 문은 풍경을 가두는 그물이 되기도 합니다. 주변 풍경에서 딱 문만큼의 장면을 잘라서 붙잡아 두죠. 자르고 가두고 붙잡는다고 해서 온전히 독점할 수 없는 게 풍경이지만, 그렇게 해서라도 소유하고 싶은 것이 또 풍경입니다. 문을 통해 바라보고, 문 이쪽과 저쪽을 오가는 행동들은 궁궐의 풍경을 오래 기억에 남기는 소박한 의식이라 하겠습니다.

석어당에서 정관헌으로 가는 길에는 문 네 개가 잇따라 서 있습니다. 여러 경치를 가두고 볼 수 있는 곳이지요. 석어당과 정관헌은 사람들이 많이 찾는 인기 있는 곳이지만, 문이 있다는 사실은 모른 채 무심코 지나치기 일쑤입니다.

그중 아름다움으로만 뽑자면 유현문惟賢門이 금메달감입니다. 윗부분은 무지개 모양으로 벽돌을 쌓아 멋을 부렸습니다. 양쪽으로는 담장이 쭉 이어지는데 높이가 달라요. 담장과 바닥 계단의 높낮이에 변화를 주어 문이 더욱 근사해 보이네요. 돌에 새겨 넣은 '惟賢門'이라는 글씨와 그 옆에 새긴 봉황과 용 문양의 디자인 감

각도 뛰어나고요. 이름에 담긴 의미까지 알면 더 좋겠죠. 유현문은 '현명한 사람만이 출입하는 문'이라는 뜻이랍니다.

이곳의 주인공이 단연 유현문이라면, 용덕문龍德門과 석류문錫類門, 창신문彰信門 등은 조연이 되겠어요. 작품에 따라 주연만큼 빛을 내는 조연은 어디에나 있습니다. 네 문은 주조연의 자리를 엎치락뒤치락하면서 각자의 근사함으로 경쟁하는 중입니다.

정관헌

정관헌靜觀軒은 석조전과 더불어 덕수궁에 있는 서양식 건물 중 한 곳입니다. 외양이 좀 독특하죠? 뒷면은 벽돌을 쌓아 벽을 만들고 정면과 양옆은 시원하게 개방해 놓은 모습이에요. 난간과 기둥에는 소나무, 박쥐, 오얏꽃 등을 정교하게 장식해 넣었고요.

어려운 시기를 살았기 때문일까요. 고종은 궁궐의 핵심에서 벗어나 몸을 숨기려는 모습을 자주 보입니다. 그 넓은 경복궁에서는 가장 깊숙한 곳에 건청궁을 짓고 왕비와 머무르더니, 여기 덕수궁에 와서도 사람들 눈에

서 슬쩍 비켜난 곳에 정관헌을 세우고 자주 들렀습니다. 고종은 커피 애호가로도 유명하지요. 바로 이곳 정관헌에 앉아 커피를 마시며 쉬었다고 해요.

궐내각사터 작은 숲

관람객 대부분이 정관헌을 둘러보고 나면 덕수궁 산책을 마무리하려 합니다. 그런데 밖으로 나가려고 발걸음을 떼는 순간, 작은 속삭임이 들리지 않나요. '뭐가 그리 급해 벌써 가려고요?'

총총히 떠나려는 우리의 발걸음을 작은 숲이 잡으려고 말을 건네는 거예요. 이 숲은 원래 덕수궁 궐내각사 자리입니다. 원수부(군통수기관), 궁내부(황실 업무 관청), 시강원(왕세자 교육기관), 태의원(황실 의무 관청), 전화국 등이 있던 곳이죠.

대한제국의 신하들이 일하던 사무 건물은 온데간데없이 사라진 지 오래입니다. 지금은 터만 남아 있는데요. 그냥 비워 두었다면 휑하기만 했을 텐데, 나무를 심어 숲으로 꾸며 놓았습니다. '어차피 밖으로 나가는 길, 숲 구경이나 하면서 가 볼까' 하는 마음으로 한 걸음 내딛는 순간, 서둘러 궁을 나서려던 마음은 흔적도 없이 사라지는 경험을 합니다. 정신을 차리고 보면 어느새 벤치에 주저앉아 있는 내 모습을 발견하게 되죠. 그렇다면 숲이 건네던 유혹에 스르르 지고 만 겁니다.

이제 숲을 찬찬히 둘러봅시다. 울창하고 너른 숲은 아니지만, 소박하고 다정한 모습에 마음을 빼앗깁니다. 잠깐 일었던 급한 마음은 싹 지우고, 숲의 품으로 걸음을 옮긴 결정을 우리 스스로 칭찬해 주자고요.

아까부터 눈에 들어오던 담장 저쪽 너머를 주목해 봅니다. 그제야 이 숲이 서울시청과 서울광장, 세종대로를 훤히 볼 수 있는 전망대 같다는 생각이 드네요. 전망대는 대개 아득하게 이어지는 계단을 따라 한참을 올라가야 하지만, 이 숲은 이렇게 낮은 자리에서도 멀리까지 볼 수가 있어 새삼 고마워요. 한적한 숲에서 보는 높은 빌딩과 자동차 가득한 도로가 딴 세상 같네요. 어쩌면 숲은 이 파노라마를 보여 주고 싶어 우리를 이렇게 붙잡았나 봅니다.

운이 좋으면 교회 종소리가 들려올지도 몰라요. 덕수궁과 담장 하나를 사이에 두고 이웃한 성공회대성당에서 울리는 종입니다. 소리란 눈에 보이지 않으면서도 무시로 담장을 넘고, 아무렇지도 않게 벽을 지나쳐 우리 귓가에 잘도 도착합니다.

이 종소리는 1987년 6월 10일 오후 6시, 민주화운동 시위대가 모이는 시각을 알려 주기도 했습니다. 종소리가 한국 민주화운동에 기여하는 순간이었겠어요. 지금 보는 저 거리로 시위대가 쏟아져 나오고, 자동차를 운전하던 이들은 경적 소리로 시위에 호응했습니다.

넋 놓고 앉아 있다가 갑자기 울리는 종소리에 깜짝 놀라는 분들도 있어요. 그러다가 대부분 설핏 미소 지어요. 교회 종소리와 담장 너머 풍경과 나무의 포근한 품. 숲이 우리를 귀하게 여겨 준비한 선물 같습니다.

{ 덕수궁 역사노트 :
조선의 끝과 대한제국의 시작점 }

궁궐을 작은 도시라고 한다면, 경복궁과 창덕궁, 창경궁, 경희궁은 분명 계획도시가 맞습니다. 여러 중요한 정치적 이유가 섞이고 쌓여 국왕이 명령해 정식으로 지었기 때문인데요. 그에 반해 덕수궁은 처음엔 궁궐로 쓰려던 곳이 아니었어요. 어찌 보면 임시 건물이라 할 수 있겠습니다. 임진왜란 중 임금이 잠시 머무는 거처였거든요.

    1592년 왜군이 조선 땅을 침략했습니다. 한양까지 치고 올라오는 속도가 장난이 아니었습니다. 깜짝 놀란 선조는 두고두고 무능하고 무책임한 왕으로 평가받을 결정을 하는데요, 한양을 버리고 도망치기로 한 겁니다.

평양을 거쳐 멀리 의주까지 말이죠. 국가 지도자가 버린 수도 한양은 어찌되었을까요. 말 그대로 쑥대밭이 됐죠.

선조는 이듬해 10월이 되어서야 한양으로 복귀했습니다. 그런데 궁이 불타 버려 당장 왕이 머물 곳이 없었어요. 이때 임시 거처로 삼은 곳이 덕수궁입니다. 당시 불리던 이름은 정릉동행궁貞陵洞行宮이었고요.

정릉동이란 태조의 두 번째 왕비 신덕왕후가 묻힌 정릉이 이곳에 있었기 때문에 붙은 이름입니다.(신덕왕후의 능은 지금의 성북구 정릉동으로 옮겨 갔습니다.) 이곳에 월산대군이 생전에 살던 저택이 있었는데, 선조가 이 집을 행궁으로 삼은 겁니다.

선조는 하루라도 빨리 경복궁이나 창덕궁을 복원해 옮기고 싶었지만, 전쟁이 막 끝난 직후라 예산과 인력이 부족해 포기하고 말았습니다. 결국 선조는 이곳에서 세상을 뜨고 광해군이 즉위했어요. 왕이 된 광해군은 창덕궁을 다시 짓고 옮겨 갔는데, 이때 정릉동행궁의 이름을 경운궁慶運宮으로 바꿨습니다.

정릉동행궁 이름을 고쳤다. 경운궁이라고 했다.
─『광해군일기』정초본 46권, 광해 3년(1611) 10월 11일

광해군 이후 경운궁은 역사의 무대에서 잠시 사라졌습니다. 이 궁궐이 재등장한 시기는 조선 말기입니다. 을미사변 후 신변의 위협을 느낀 고종이 러시아공사관으로 피신했는데요. 그렇다고 한 나라의 왕이 외국 공관에 계속 머물 수는 없었습니다. 고종은 새 궁궐을 마련하라고 지시했는데, 이때 떠오른 곳이 바로 경운궁이었어요. 고종은 러시아공사관으로 간 지 1년 만인 1897년 경운궁으로 옮겨 갔습니다. 같은 해 10월에는 대한제국을 선포하고 원구단圜丘壇에서 황제 자리에 올랐습니다. 이제 대한제국을 더욱 강력한 나라로 만들기 위한 고종의 꿈이 시작되는 듯했지만, 현실은 그렇지 못했습니다.

바다 한가운데에서 태풍을 만난 조각배마냥 대한제국은 이미 주변 열강들의 놀이터로 전락해 있었습니다. 결국 고종은 강제로 폐위되었고, 다음 황제가 된 순종은 일본의 강요로 창덕궁으로 옮겨 가야 했지요. 그때 순종은 '선왕의 덕과 장수를 기린다'는 의미를 담아 '덕수'德壽라는 궁호를 아버지 고종에게 올렸습니다. 이때부터 경운궁을 덕수궁이라고 부르게 되었습니다.

V
경희궁, 궁궐 수난의 역사

1

쓸쓸한 풍경마저 매력으로 느낄 수 있다면

경희궁慶熙宮을 온전히 즐기려면 우선 상상력이 필요하다고 말씀드리고 싶습니다. 웬 상상력이냐고요? 경희궁은 조선왕조의 다섯 궁궐 가운데 가장 심하게 훼손된 궁입니다. 세월을 견디고 견뎌 오늘의 우리에게 오기까지 경희궁에게는 버거운 상황이 참으로 많았습니다. 지금 경희궁에 남은 건물은 몇 채뿐이고요. 그러니 얼마 남지 않은 경희궁 건물 앞에서 상상력을 발휘해 보자는 겁니다. 주변 고층 빌딩은 머릿속에서 과감히 지우고, 그 자리에 궁궐 건물을 하나씩 다시 세우는 거죠. 혼자 하는 궁궐 복원 사업이라고 하면 될까요.

새문안로를 기준으로 경희궁은 뒤로 한껏 물러선

모습입니다. 서울역사박물관과 경희궁공원에 가려 큰 길에서는 잘 보이지도 않고요. 경희궁 전체 지형은 살짝 경사진 언덕인데요. 홍화문에서 출발해 숭정전崇政殿과 자정전資政殿에 이르기까지 내내 올라가는 느낌으로 움직여야 합니다. 서암에 도착했다면 경희궁을 다 본 셈입니다. 더 이상 갈 곳 없이 이렇게 싱겁게 관람이 끝나 조금 실망할지도 모르겠네요. 그 마음 틈새를 비집고 경희궁의 쓸쓸한 풍경이 눈에 들어올 겁니다.

궁에 와서 느낄 거라고는 예상하지 못했던 이 적막한 감정으로 경희궁을 다시 바라보면 애틋한 마음이 들어요. 한때는 이곳도 당당한 궁궐이었을 텐데, 지금은 왜 이렇게 썰렁한 모습만 남았을까요. 그런데 다른 궁궐에서는 느낄 수 없었던 이 적적함이 오히려 경희궁만의 매력으로 다가옵니다. 바깥세상의 소란스러움에서 벗어나 오직 궁궐이라는 공간에 집중할 수가 있으니까요. 소음이 사라진 자리에는 다른 소리를 들을 수 있는 마음이 자랄 거예요. 오는 이가 적으니 경희궁을 홀로 즐길 특혜도 누릴 수 있고요. 경희궁이야말로 빈 간격 사이를 마음껏 누릴 수 있는 궁궐입니다. 안쓰러운 궁궐에 위로의 발자국을 남기며, 이곳에서만큼은 느슨하고 느긋하게 걸어 보기를 권합니다.

2
{ 경희궁, 이렇게 걸어 보세요 }

◎ **홍화문 푯돌** → **금천교** → **숭정문** → **서암** → **영렬천** → **경희궁둘레길**

홍화문 푯돌

구세군회관 바로 앞에 있는 '홍화문興化門 푯돌'에서 경희궁 산책을 시작하려 합니다. 구석에 일부러 숨겨 놓은 것도 아닌데 이상하게 눈에 잘 띄지 않는 푯돌입니다. 아마 다들 바삐 지나다니는 길 가장자리에 놓여 있기 때문일 겁니다. 푯돌에 '경희궁 정문인 홍화문의 자리'라고 선명히 새겨진 글자가 마치 소리 없는 아우성처럼 보이네요.

일제강점기에 일본은 궁궐 정문까지 멋대로 가져다 썼습니다. 1932년 일제는 이토 히로부미를 추모한다는 이유로 현재 장충단공원 자리에 '박문사'라는 절을 지었는데요(이토 히로부미를 한자로 쓰면 이등박문 伊藤博文입니다), 그리고는 박문사 입구에 경희궁 정문인 홍화문을 갖다 놓은 겁니다. 이토 히로부미가 누군가요. 대한제국을 통치하기 위해 초대 통감으로 부임했던 자입니다. 안중근 의사가 만주 하얼빈역에서 저격해 사망했죠. 그런 자를 기리는 절의 입구에 조선왕조의 궁궐 정문을 옮겨 놓은 겁니다.

해방 후에도 홍화문은 경희궁으로 돌아오지 못했습니다. 박문사 입구에 그대로 있다가 그 자리에 들어선 신라호텔 입구로 사용되었어요. 1988년이 되어서야 경희궁으로 옮기려 했지만 그때는 이미 궁궐 정문 자리에 구세군회관 건물이 들어서 있었어요. 어쩔 수 없이 한참을 뒷걸음치듯 처음 위치에서 밀려난 장소에 세울 수밖에 없었죠.

현재 홍화문은 경희궁공원 뒤편 오르막길에 어정쩡한 모습으로 서 있습니다. 처음 세웠을 때처럼 동쪽을 바라보는 것도 아니고, 양옆으로 변변한 궁궐 담장도 없습니다. 문만 덩그러니 있어 휑한 느낌입니다. 문은 비록 원래 위치에서 한참 떨어져 서 있지만, 이 푯돌로 홍화문이 있었던 장소를 확인하면서 경희궁 안으로 들어가 보겠습니다.

금천교

홍화문 자리를 알려 주는 푯돌을 지나왔지만, 옛 경희궁 공간으로 들어왔는지 확실하지 않습니다. 어디로 가야 할지 잠깐 헷갈릴 때쯤 우리가 갈 곳을 안내해 줄 이정표가 저기 보입니다. 서울역사박물관을 90미터쯤 앞둔 자리에 있는 금천교입니다.

문의 위치를 알리려 설치했지만 정작 길 구석에 놓아 잘 보이지 않았던 홍화문 푯돌처럼, 금천교도 궁궐 안에 있던 다리라는 사실을 금세 알아차리기 어렵습니다. 다리 아래로 금천이 흐르지도 않고 주변에 궁궐 건물도 없으니 그럴 수밖에요.

경희궁 전체가 온전하게 남아 있었을 조선 후기의 어느 날, 궁 밖으로 나갔던 임금은 지금의 우리처럼 홍화문을 지나 여기 금천교를 건너 저기 서울역사박물관 방향으로 들어갔을 겁니다. 왕을 따르는 수행원과 경호 임무를 띤 병사도 함께 움직였겠지요. 금천교를 중심으로 대단한 행렬이 오갔을 거라 상상하니 자못 흥미롭네요.

일제강점기라는 모진 세월은 금천교 위에도 무겁게 내려앉았습니다. 일제는 경희궁 자리에 경성중학교를 세우면서 그만 금천교를 땅에 파묻어 버렸어요. 자신을 지켜 주지 못한 조선에 섭섭했기 때문일까요. 금천교는 한참 동안 모습을 감춘 채 나타나지 않았습니다. 해방이 되고도 오랜 시간이 지난 2001년에야 발굴 작업을 거쳐 다시 세상에 나왔지요. 그리고 이듬해에 서울역사박물관을 지으면서 지금 자리에 복원해 놓은 겁니다.

숭정문

 건축물을 기억하는 단서는 높이와 크기, 색깔 등입니다. 건축 전문가가 아니어도 인상적인 건물을 보면 공법과 디자인을 유추해 보기도 하죠. 그런데 여기 '말'로 기억할 건물이 있습니다. 숭정문崇政門입니다. 어떤 말인지 우선 기록으로 들어 볼까요.

아! 과인은 사도세자의 아들이다.
―『정조실록』 1권, 정조 즉위년(1776) 3월 10일

누가 한 말인지 짐작이 가죠? 숭정문 앞에서 시작한 즉위식에서 자신이 다름 아닌 역적의 아들이라는 사실을 대놓고 선언한 왕, 바로 정조입니다. 금천교와 서울역사박물관을 지나 250여 년 전 정조의 즉위식이 열렸던 숭정문으로 향하겠습니다.

아들이 자기 아버지가 누구인지 밝히는 게 이상한 일은 아닙니다. 하지만 아버지가 역모죄로 죽었다면 문제가 좀 달라지겠죠. 정조는 자신이 왕위에 오른 바로 그날, 아버지 사도의 명예를 회복하기 위해 이 말을 한 겁니다. 정치인의 모든 말과 행동이 치밀한 계산 속에서 나온다고 한다면, 이날 정조의 선언은 결코 실언이 아니었을 거예요.

현장에는 사도세자를 제거하는 데 앞장섰던 신하들도 있었습니다. 이들이 듣기에 방금 권력을 잡은 왕이 한 발언은 곧 정치적 복수를 시작하겠다는 예고와도 같았을 겁니다. 그러나 이들이 두려워하던 상황은 일어나지 않았습니다. 정조는 복수에 집착하기보다 정치와 제도 개혁이라는 대의 실현에 집중했죠.

숭정문을 지나 숭정전 앞까지 가보겠습니다. 즉위식을 마친 정조가 걸어갔던 길과 같습니다. 왕위에 오른 왕은 궁궐의 법전 앞에서 신하들에게 충성의 예를 받습니다.

　한때는 국왕 즉위식 현장으로 쓰였던 숭정전 또한 식민지라는 시련에서 자유롭지 못했습니다. 일제강점기에는 일본인 아이들의 교실과 체육관 등으로 쓰이더니, 1926년에는 일본 사찰인 조계사로 팔려 가고 말았죠.

　해방이 되자 조계사 자리에 지금의 동국대학교가 들어섰습니다. 이때부터 숭정전은 학교 법당인 '정각원'이 되었고요. 1980년대에 경희궁 복원 사업을 시작하면서 정각원을 숭정전 자리로 이전하려 했지만, 건물이 너무 낡아 실행하지 못했습니다. 지금 우리가 보는 숭정전은 이때 복원한 건물입니다. 원래 경희궁에 있던 숭정전을 만나려면 동국대학교에 가야 한다는 얘기죠.

　정조가 자신이 사도의 아들임을 밝히며 왕의 자리에 올랐던 건물, 식민지 시절엔 일본이 제멋대로 옮겨 놓았던 경희궁의 가장 큰 집. 이런 사연을 알고 나면 숭정문과 숭정전이 달리 보이기 시작합니다.

서암

태령전泰寧殿 뒤쪽에 커다란 바위가 있습니다. 집채만한, 아니 그보다도 훨씬 더 커 보입니다. 모르고 봤다면 그냥 큰 바위일 뿐이지만, 사실 경희궁을 짓게 한 원인을 제공한 바위입니다. 바위 주변에 흐르는 왕기王氣를 누른다는 이유로 광해군이 이곳에 궁궐을 지으라고 명령했거든요.

어느 시대든 권력자는 자신 말고 다른 이에게 권력이 분산되고 민심이 쏠리는 걸 좋아하지 않았습니다. 또 특정 장소가 '여기가 바로 왕이 태어날 곳'이라는 이야기를 들으면 어떻게든 그 자리를 없애 버리려 했죠. 광해군도 왕기가 흘러 '왕암'으로 불리는 이 바위 주변을 그냥 둘 수만은 없었습니다. 그래서 왕기를 자신의 권력으로 누르기 위해 이곳에 궁궐을 세운 겁니다.

바위에 얽힌 이야기를 모른다고 해도, 서암의 생김새는 뭔가 범상치 않습니다. 입을 쫙 벌린 듯한 모양이며 그 사이에서 흘러나오는 물줄기가 상서로워 보이는데요. 깊은 산속이 아니라 서울 한복판에서 이렇게 큰 바위를 볼 기회도 흔하지 않죠.

바위를 보고 묘한 느낌을 받은 건 오늘날의 우리뿐

만이 아니었나 봐요. '상서로운 바위'라는 의미를 담은 '서암'瑞巖이라는 이름을 붙여 준 사람이 숙종입니다. 숙종은 바위 이름을 직접 써서 돌에 새기기도 했는데요. 이 돌은 현재 국립고궁박물관에 보관 중입니다.

> 광해가 '왕암'이라는 말을 듣고 여기에 궁을 세웠는데 (……) 숙종 무자년에 이르러 이름을 '서암'으로 고치고 어필로 '서암' 두 글자를 크게 써서 사방석에 새기고, 오른쪽 곁에는 새기기를, '속칭이 왕암인데, 바로 상서로움을 징험한다'라고 하였는데, 역시 어필이었다.
> ─『영조실록』 121권, 영조 49년(1773) 11월 12일

서암 위로 올라설 수도 있습니다. 바위 중간에 갈라진 부분도 가까이서 볼 수 있고, 졸졸 흐르는 물도 밟아 볼 수 있어요. 다만 비 오는 날은 조심하세요. 빗물에 젖은 바위 표면이 무척 미끄럽거든요.

영렬천

건물과 숲, 나무와 꽃은 궁궐을 이루는 중요한 요소입니다. 또 한 가지 빼놓을 수 없는 게 '물'인데요, 자연스럽

게 낮은 곳으로 흐르는 하천과 가둬 놓고 풍경을 감상하던 연못은 궁궐을 상징하는 장소가 되기도 합니다. 그런데 경희궁에는 물이 드뭅니다. 조금 전 보고 나온 서암의 갈라진 틈으로 물이 흐르긴 하지만, 역시 양이 적어 아쉽습니다. 금천교 아래로 흘렀을 하천도 물길이 끊어진 지 오래되었고요. 그렇다면 샘물 한 곳을 보러 가겠습니다. 경희궁 산책을 마치고 숭정문으로 나가 서울교육청 방향으로 걷겠습니다. 가는 길에 오른쪽으로 숲길이 있네요. 함께 올라 보죠.

대도시 한복판에서 이런 숲길을 만나니 얼마나 반가운지요. 오르막길을 올라가다 오른쪽으로 태령전 지붕이 살짝 보이고, 다시 왼쪽으로는 숲 안쪽으로 이어진 길이 나옵니다. 길 끝에 물이 있네요. 바로 '신묘하고 맑은 샘물'이란 뜻을 지닌 영렬천靈洌泉입니다.

뒤쪽 바위에 한자로 써 있는 샘 이름은 선조의 글씨를 모아 새긴 겁니다. 이 샘물도 금천교처럼 사라졌다가 한참 뒤에 나타났습니다. 옛 서울고등학교가 지금의 경희궁 자리에 있었는데, 건물 옹벽에 묻혀 있던 영렬천이 1996년 경희궁 터를 발굴조사하면서 세상에 나온 거죠. 하지만 시원하게 흐르는 정도는 아니라 좀 아쉽습니다. 이름처럼 맑지도 않고요.

경희궁둘레길

 경희궁 산책을 마치고 나와 주변을 서성이고 있을 때였습니다. 우연히 숲으로 이어진 길을 발견했어요. 어디로 향하는 길일까 궁금해 우선은 눈으로만 길을 더듬어 올라가 보았죠. 제 시선은 언덕이 끝나는 지점쯤에서 더 올라가지 못했습니다. 결국 호기심을 참지 못하고 언덕길로 들어섰지요. 그렇게 경희궁둘레길에 처음 발을 들여놓았습니다.

궁궐의 담장을 따라 도는 길이었어요. 경희궁 바깥을 반원을 그리며 걸을 수 있는 길이죠. 영렬천을 보려고 숲길에 들어섰다면 이미 경희궁둘레길 위에 있는 겁니다. 숭정문과 서울교육청 사이로 난 길에서 출발해도 되고, 반대편 서울역사박물관 뒤쪽에 있는 방공호 주변에서 출발해도 되는 길이었습니다. 어디에서 시작하든 다시 비슷한 지점에서 만나는 친절한 길이죠. 경사도 순해 걷기도 참 편합니다. 늘 올려다보기만 하던 궁궐의 지붕을 허리춤쯤에 두고 볼 수 있는 코스이기도 하고요.

평일 점심쯤엔 주변에서 일하는 직장인이 꽤 많이 올라옵니다. 이 시간만 피하면 궁궐의 옆얼굴과 뒷모습을 세심히 살피며 길 전체를 혼자 즐길 수가 있어요. 숲길을 걷다 보면 태령전 뒤쯤에서 돌 벤치가 나옵니다. 미리 차 한 잔, 김밥 한 줄 사서 올라오면 제법 근사한 소풍도 즐길 수 있답니다.

　돌 벤치에 앉으면 태령전 지붕이 보입니다. 지붕 모서리에서 출발해 세종대로사거리까지 시선을 이리저리 옮겨 보세요. 많이 올라온 것 같지도 않은데 어느새 고층 빌딩들과 내가 있는 곳의 높이가 엇비슷해졌습니다. 경희궁의 지붕 라인과 반듯하게 뻗은 도심 건물의 선을 비교해 보는 재미가 있네요. 이곳을 함께 산책했던 분이 경희궁의 지붕을 보더니 이런 얘기를 했습니다.

　"한옥 지붕은 참 아름답죠. 지붕은 사람으로 치면 모자를 쓰는 거라고 할까요? 요즘 건물에는 지붕이 없어 우아함이 좀 부족한 것 같거든요. 맨 꼭대기에 멋을 안 낸 것 같다고 할까요. 그런데 경희궁의 지붕엔 근사한 모자를 씌운 것 같아요."

　이 얘기를 듣고 다시 보니, 과연! 경희궁의 지붕과 빌딩의 옥상을 구분하는 기준은 바로 우아한 멋이었구나 생각했습니다.

　태령전 지붕 위에서 잡초 몇 포기를 물고 있는 용머리까지 봤다면 경희궁의 모자를 자세히 관찰한 셈입니다. 바람만 살짝 불어도 힘없이 하늘거리는 풀을 물고 있는 무서운 용의 모습이라니. 제 나름대로는 험상궂은 표정을 짓고 있다지만, 경희궁둘레길처럼 용의 얼굴도 다정하게만 보입니다.

3

경희궁 역사노트 :
왕의 기운으로 출발한 서궐의 시간

경희궁의 역사를 설명하려면 광해군 이야기부터 해야 합니다. 광해군은 후궁의 자식, 게다가 장남도 아니고 차남으로 태어났습니다. 왕위 계승에서 정통성을 중요하게 여겼던 조선시대에 광해군이 세자 신분을 유지하기에는 결격 사유가 많았죠. 게다가 아버지 선조는 두 번째로 맞이한 왕비 인목왕후 사이에서 아들 영창대군을 낳았고요. 나이로만 따지면 광해군보다 한참 어리지만, 어쨌든 영창대군은 왕위를 계승할 완벽한 조건을 갖춘 선조의 적장자였던 겁니다.

세자의 지위를 불안하게 이어 가던 광해군은 아버지 선조가 세상을 뜨자 국왕 자리를 이어받습니다. 왕이 된 광해군은 무슨 이유에서인지 한 풍수가의 말만 듣고 궁궐 건설을 명령합니다. 김일룡이란 자가 광해군에게 '새문동에 왕기가 흐르니 이를 끊기 위해선 이곳에 궁궐을 지어야 한다'고 말했거든요. 게다가 김일룡이 궁궐 자리로 지목한 곳은 다른 사람도 아닌 광해군의 이복동생 정원군의 집터였어요. 마침 이 집 바로 뒤에 '왕암'이라 불리던 바위까지 있었으니, 광해군 입장에서는 김일룡의 말을 무시할 수가 없었죠. 이렇게 짓기 시작한 궁궐이 경덕궁敬德宮입니다. 경희궁은 나중에 바꾼 이름이고요.

사실 광해군은 경덕궁 공사를 시작하기 전부터 성지性智라는 승려의 말만 듣고 인왕산 아래쪽에 이미 인경궁仁慶宮이라는 궁궐을 짓고 있었습니다. 궁궐을 하나도 아니고 둘씩이나 지으려면 당연히 큰돈도 들고 인력도 많이 동원해야 했으니, 백성들의 불만이 쌓일 수밖에 없었겠죠.

성지가 이미 인왕산 아래에다 신궐을 짓게 하고, 술인 김일룡이 또 이궁을 새문동에다 건립하기를 청하였는데, 바로 정원군의 옛집이다. 왕이 그곳에 왕기가 있음을 듣고 드디어 그 집을 빼앗아 관가로 들였는데⋯⋯

—『광해군일기』 정초본 116권, 광해 9년(1617) 6월 11일

이렇게 궁궐 두 곳의 공사를 한꺼번에 진행했지만, 결과적으로 광해군은 인경궁에도, 경덕궁에도 들어가지 못하고 인조반정으로 쫓겨나고 맙니다. 여기서 놀라운 사실이 하나 있습니다. 반정을 일으켜 광해군을 몰아내고 새로 왕이 된 인조가 바로 정원군의 아들 능양군이었던 겁니다. 결과적으로 풍수가 김일룡의 예언이 딱 맞은 셈이죠.

인조를 비롯해 이후 여러 임금이 경덕궁을 이궁으로 사용했습니다. 숙종은 경덕궁에서 13년간 머물며 이 궁궐의 아름다움을 노래한 시를 30수 넘게 지었고요. 영조는 19년간 경덕궁에서 지냈는데, 경덕궁의 발음이 원종(인조의 친아버지 정원군)의 시호 경덕敬德과 같다는 이유로 궁궐 이름을 지금의 경희궁으로 바꿨습니다.

정조는 경희궁 숭정문 앞에서 즉위식을 치르고 왕위에 올랐습니다. 순조와 철종, 헌종도 짧지만 경희궁에서 살았고요. 경희궁은 확실히 적지 않은 시간 동안 중요한 역할을 해낸 궁궐입니다.

이런 경희궁에도 어김없이 시련의 시간이 다가옵

니다. 고종 때입니다. 경복궁을 복원한다는 이유로 경희궁 건물을 떼어 자재로 썼던 겁니다. 대한제국의 수명이 완전히 끊어진 1910년 경술국치 이후에는 숭정전과 회상전會祥殿, 홍정당興政堂 등이 일본 사찰에 팔려 나갔고요. 해방 후 빈터로만 남은 경희궁 자리에는 서울중·고등학교가 들어왔습니다. 학교가 이전하자 현대건설에서 경희궁 터를 매입했고 1986년 서울시에서 이 땅을 사들여 복원 공사를 시작해 오늘에 이르게 되었습니다.

VI

궁궐 용어 설명

1

궁궐

왕이 일하던 업무 공간이자 왕실 가족이 사는 집이었습니다. 동시에 많은 사람의 일터였죠. 조정 관료와 내시, 궁녀가 궁궐에서 일했습니다. 궁궐을 지키고 왕을 경호하는 군사도 근무했고요. 궁궐은 넓고 복잡하게 보이지만 크게 '외전'과 '내전' 영역으로 나뉩니다.

2
외전

궁궐 정문으로 들어가면 바로 나오는 공간이 외전外殿
입니다. 왕과 신하가 모여 일하던 업무 공간입니다. 왕
은 이곳에서 신하들이 올린 보고서를 검토하거나 정책
을 연구하고, 조선이 나아갈 방향을 최종 결정했습니다.
다음은 외전에 있는 대표 건물입니다.

① 법전法殿
공식 행사를 치르는 장소로 궁궐에서 가장 크고 화려
한 건물입니다. 정전正殿이라고도 하지요. 신하들이 모
여 왕에게 충성을 맹세하는 조하 의식, 외국 사신을 맞
이하는 환영식, 왕이나 세자의 혼례식 등을 법전 앞에서

거행했습니다. 근정전(경복궁), 인정전(창덕궁), 명정전(창경궁), 중화전(덕수궁), 숭정전(경희궁)이 각 궁궐의 법전입니다.

② 편전便殿

왕이 평소 머물면서 일하던 건물입니다. 오늘날의 대통령 집무실과 같습니다. 사정전(경복궁), 선정전宣政殿(창덕궁), 문정전(창경궁), 준명당(덕수궁), 자정전資政殿(경희궁)이 각 궁궐의 편전입니다.

③ 궐내각사闕內各司

신하들이 일하던 공간입니다. 건물 하나를 가리키는 말이 아니라 다양한 부서의 사무실이 모인 곳을 말합니다. 이를테면 궁 안에 마련한 정부종합청사 같은 곳인데요. 대개 법전 가까이에 둡니다.

3
내전

왕과 왕비를 비롯한 왕실 가족이 생활하던 사적 공간이 내전內殿입니다.

① 대전大殿

왕이 일과를 마치고 휴식하거나 잠을 자던 곳입니다. 대전에서도 왕은 신하들을 수시로 만나 나랏일을 의논했습니다. 왕의 사적이면서 공적인 공간이라고 할 수 있습니다. 강녕전(경복궁), 희정당(창덕궁), 양화당과 환경전(창경궁), 함녕전(덕수궁), 융복전(경희궁)이 대전에 해당합니다.

② 중궁전中宮殿

왕비가 머물던 공간입니다. 사극 드라마를 보면 왕이 왕비를 '중전'이라고 부르거나, 아랫사람들이 왕비를 '중궁마마'라고 부르는 것도 중궁전이라는 단어에서 유래하죠. 교태전(경복궁), 대조전(창덕궁), 통명전(창경궁), 회상전(경희궁)이 중궁전입니다. 덕수궁에는 중궁전이 따로 없습니다. 명성황후가 경복궁에서 일본 자객들에게 살해당한 후 덕수궁으로 옮겨 간 고종이 다시 왕비를 맞이하지 않았기 때문입니다.

③ 후원

궁궐 뒤편에 만든 숲입니다. 왕이 가끔 들러 사냥을 하거나 신하들을 불러 잔치를 벌이기도 하던 휴식 공간이죠. 창덕궁 후원이 잘 남아 있습니다. 경복궁 후원은 지금의 청와대 자리에 있었지요. 내전에 속한 영역으로 보지 않고 궁궐의 독립적인 장소로 분류하기도 합니다.

4
'궁'으로 불리는 여러 집

경복궁, 창덕궁, 창경궁, 덕수궁, 경희궁 외에 '궁'으로 불린 집이 더 있었습니다. 어떤 곳이었는지 알아보겠습니다.

① 별궁別宮, 본궁本宮, 잠저潛邸

궁궐이 아닌 다른 곳에서 태어나거나 성장하다 임금이 된 사람도 있었는데요. 이런 임금이 즉위하기 전에 궁궐 밖에서 생활하던 집을 일컫는 말입니다. 태조, 인조, 효종, 영조, 철종, 고종 등은 즉위하기 전까지 궁궐 밖에서 살았죠. 태조가 살았던 함흥본궁咸興本宮, 인조의 저경궁儲慶宮, 효종의 어의궁於義宮, 영조의 창의궁彰義宮 등입니다. 강화도에서 살다 하루아침에 왕이 되어 강화도령으로 불렸던 철종의 잠저 용흥궁龍興宮은 지금까지도 잘 보존되어 있습니다. 운현궁雲峴宮은 고종의 잠저이면서 흥선대원군의 사가를 높여 부르던 이름이었죠. 이런 잠저는 왕이 된 후에도 소유하고 있거나 혼인하는 자손들에게 물려주기도 했습니다.

　② 후궁의 사당에 붙인 궁

후궁의 아들이 왕이 되는 경우, 후궁의 사당에 '궁'을 붙이기도 했습니다. 대표적으로 영조의 친어머니 숙빈 최씨의 사당인 육상궁毓祥宮이 있습니다. 이 외에도 저경궁儲慶宮(추존 왕 원종의 친어머니 인빈 김씨의 사당), 대빈궁大嬪宮(경종의 친어머니 희빈 장씨의 사당), 연호궁延祜宮(추존 왕 진종의 친어머니 정빈 이씨의 사당), 선희궁宣禧宮(추존 왕 장조의 친어머니 영빈 이씨의 사당), 경우궁景祐宮(순조의 친어머니 수빈 박씨의 사당) 등이 있고요. 1908년에는 이 사당들을 모아 육상궁에 합치게 됩니다. 1929년에 와서는 여기에 덕안궁德安宮(영친왕의 친어머니 순헌귀비 엄씨의 사당)까지 합쳐져 '칠궁'七宮으로 불렸고요. 칠궁은 현재 청와대 서쪽에 있습니다.

③ 행궁行宮

왕이 지방에 내려갈 때 머물던 숙소를 말합니다. 왕뿐
아니라 수행하는 신하와 경호부대가 함께 이용했습니
다. 이를테면 왕릉에 제사를 지내기 위해 능행陵幸을 가
면 중간에 하룻밤 잘 곳이 필요했지요. 이때 과천행궁이
나 시흥행궁, 남한산성행궁 등에 들렀습니다. 온양행궁
은 피부병을 고치려 온천욕을 하러 간 왕이 머무른 곳
이고요. 정조가 수원에 지은 화성 안에도 왕과 신하들이
묵을 수 있는 행궁이 있습니다.

참고문헌

김동욱, 『서울의 다섯 궁궐과 그 앞길-유교도시 한양의 행사공간』, 집, 2017

김두경, 『궁궐을 그리다 궐문에서 전각까지! 드로잉으로 느끼는 조선 궁궐 산책』, 이비락, 2019

김문식, 『왕세자의 입학식』, 문학동네, 2010

박상진, 『궁궐의 우리 나무』, 눌와, 2004

박영규 지음, 백명식 그림, 『조선 시대 환관들은 어떻게 살았을까?』, 주니어김영사, 2010

박영규 지음, 백명식 그림, 『조선 시대 궁녀들은 어떻게 살았을까?』, 주니어김영사, 2015

박영규 지음, 구연산 그림, 『조선 시대에는 어떤 관청이 있었을까?』, 주니어김영사, 2016

박영규 지음, 백명식 그림, 『조선 시대 왕실 사람들은 어떻게 살았을까?, 주니어김영사, 2017

설민석, 『설민석의 조선왕조실록』, 세계사, 2016

송용진 글·사진, 『쏭내관의 재미있는 궁궐 기행』(개정증보판), 지식프레임, 2017

송용진 글·사진, 『쏭내관의 재미있는 궁궐 기행 2』, 지식프레임, 2015

신병주, 『왕으로 산다는 것』, 매일경제신문사, 2020

신희권,『창덕궁, 왕의 마음을 훔치다』, 북촌, 2019

양택규,『경복궁에 대해 알아야 할 모든 것 친절하면서도 꼼꼼한 경복궁 답사기』, 책과함께, 2013

역사건축기술연구소,『우리 궁궐을 아는 사전 1: 창덕궁 후원 창경궁』, 돌베개, 2015

유홍준,『나의 문화유산답사기 6』, 창비, 2017

유홍준,『나의 문화유산답사기 9』, 창비, 2017

유홍준,『나의 문화유산답사기 10』, 창비, 2017

창덕궁 문화재 해설팀 글, 배병우 사진,『문화재 해설사와 함께하는 창덕궁』, 컬처북스, 2017

최동군,『창덕궁 실록으로 읽다』, 담디, 2017

최동군,『덕수궁, 경희궁 실록으로 읽다』, 담디, 2018

최종덕,『조선의 참 궁궐 창덕궁』, 눌와, 2012

한영우 지음, 김대벽 사진,『동궐도』(양장본), 효형출판, 2016

홍순민,『홍순민의 한양 읽기 : 궁궐 상』, 눌와, 2017

홍순민,『홍순민의 한양 읽기 : 궁궐 하』, 눌와, 2018

웹사이트

조선왕조실록(국사편찬위원회) http://sillok.history.go.kr/main/main.do

경복궁 홈페이지 http://www.royalpalace.go.kr/

창덕궁 홈페이지 http://www.cdg.go.kr/

창경궁 홈페이지 http://cgg.cha.go.kr/

덕수궁 홈페이지 http://www.deoksugung.go.kr/

문화재청 국가문화유산포털 http://heritage.go.kr/heri/idx/
    index.do
문화재청 전자도서관 http://library.cha.go.kr/
문화유산채널 http://www.k-heritage.tv/main/heritage
국립국어원 표준국어대사전 https://stdict.korean.go.kr/

궁궐 걷는 법
: 왕궁을 내 집 뜰처럼 누리게 하는 산책자의 가이드

2021년 11월 14일   초판 1쇄 발행
2022년 6월 24일   초판 2쇄 발행

지은이
이시우

펴낸이	**펴낸곳**	**등록**
조성웅	도서출판 유유	제406-2010-000032호(2010년 4월 2일)

주소
서울시 마포구 동교로15길 30, 3층 (우편번호 04003)

전화	**팩스**	**홈페이지**	**전자우편**
02-3144-6869	0303-3444-4645	uupress.co.kr	uupress@gmail.com

	페이스북	**트위터**	**인스타그램**
	facebook.com /uupress	twitter.com /uu_press	instagram.com /uupress

편집	**디자인**	**마케팅**
김은우, 조은	이기준	황효선

제작	**인쇄**	**제책**	**물류**
제이오	(주)민언프린텍	다온바인텍	책과일터

ISBN 979-11-6770-016-2 04080
         979-11-85152-36-3 (세트)